Julius Wellhausen

The Book of Psalms

Julius Wellhausen

The Book of Psalms

ISBN/EAN: 9783744662826

Printed in Europe, USA, Canada, Australia, Japan

Cover: Foto ©Lupo / pixelio.de

More available books at **www.hansebooks.com**

www.ingramcontent.com/pod-product-compliance
Lightning Source LLC
Chambersburg PA
CBHW020152170426
43199CB00010B/999
* 9 7 8 3 7 4 4 6 6 2 8 2 6 *

List of Contributors

Genesis: C. J. Ball (London).
Exodus: Herbert E. Ryle (Cambridge).
Leviticus: S. R. Driver and H. A. White (Oxford).
Numbers: J. A. Paterson (Edinburgh).
5 Deuteronomy: Geo. A. Smith (Glasgow).
Joshua: W. H. Bennett (London).
Judges: Geo. F. Moore (Andover).
Samuel: K. Budde (Strassburg).
Kings: B. Stade (Giessen) and F. Schwally (Strassburg).
10 Isaiah: T. K. Cheyne (Oxford).
Jeremiah: C. H. Cornill (Königsberg).
Ezekiel: C. H. Toy (Cambridge. Mass).
Hosea: A. Socin (Leipzig).
Joel: Francis Brown (New York).
15 Amos: John Taylor (Winchcombe).
Obadiah: Andrew Harper (Melbourne, Australia).
Jonah: Friedrich Delitzsch (Breslau).
Micah: J. F. McCurdy (Toronto).
Nahum: Alfred Jeremias (Leipzig).
20 Habakkuk: W. H. Ward (New York).
Zephaniah: E. L. Curtis (New Haven).
Haggai: G. A. Cooke (Oxford).
Zechariah: W. R. Harper (Chicago).
Malachi: C. G. Montefiore and I. Abrahams (London).
25 Psalms: J. Wellhausen (Göttingen).
Proverbs: A. Müller* and E. Kautzsch (Halle).
Job: C. Siegfried (Jena).
Song of Songs: Russell Martineau (London).
Ruth: C. A. Briggs (New York).
30 Lamentations: M. Jastrow, Jr. (Philadelphia).†
Ecclesiastes: Paul Haupt (Baltimore).
Esther: T. K. Abbott (Dublin).
Daniel: A. Kamphausen (Bonn).
Ezra: \
35 Nehemiah: / H. Guthe (Leipzig).
Chronicles: R. Kittel (Breslau).

---

* Died September 12th 1892.
† Professor Abraham Kuenen who had agreed to do the book died December 10th 1891.

תהלים

ספר ראשון

I,א אשרי האיש אשר לא הלך
בעצת רשעים
ובדרך חטאים לא עמד
ובמשב לֵצים לא ישב:
2 כי אם בתורת יהוה חפצו
ובתורתו יהגה יומם ולילה:
3 והיה כעין שתול על פלגי
אשר פריו יתן בעתו [מים
ועלהו לא יבול
וכל אשר יעשה יצליח:

4 לא כן הרשעים ‹לא כן›
כי אם כמֹץ אשר תדפנו רוח:
ה על כן לא יקמו רשעים במשפט
וחטאים בעדת צדיקים:
6 כי יודע יהוה דרך צדיקים
ודרך רשעים תאבד:

2,א למה רגשו גוים
ולאמים יהגו ריק:
2 יתי֯צ֯בו מלכי ארץ
ורוזנים נוסדו יחד
על יהוה ועל משיחו:
3 ננתקה את מוסרותימו
ונשליכה ממנו עבֹתימו:

4 יושב בשמים ישחק
אדני ילעג למו:
ה אז ידבר אֵלימו באפו
ובחרונו יבהלמו:

2,6 ואני נסכתי מלכי
על ציון הר קדשי:

7 אסַפרה א‹ת› חק יהוה
אמר אלי בני אתה
אני היום ילדתיך:
8 שאל ממני ואתנה גוים נחלתך
ואחֻזתך אפסי ארץ:
9 תרעם בשבט ברזל
ככלי יוצר תנַפצם:

י ועתה מלכים השכילו
הוָסרו שפטי ארץ:
11 עבדו את יהוה ביראה
ו..ל‹ו› ברעָדהׄ:
12 ...... פן יאנף ותאבדו דרך
כי יבער כמעט אפו
אשרי כל חוסי בו:

3.א מזמור לדוד בברחו מפני אבשלום בנו:
2 יהוה מה רבו צרי
רבים קמים עלי:
3 רבים אמרים לנפשי
אין ישועתה לו באלהי‹ו› סלה:
4 ואתה יהוה מגן בעדי
כבודי ומרים ראשי:
ה קולי אל יהוה אקרא
ויענני מהר קדשו סלה:
6 אני שכבתי ואישנה
הקיצותי כי יהוה יסמכני:

3,7 לא אירא מרבבות עם
אשר סביב שתו עלי:
קומה יהוה הושיעני אלהי
8 כי הכית את כל איבי לחי
שני רשעים שברת:
9 ליהוה הישועה
על עמך ברכתך סלה:

4,א למנצח בנגינות מזמור לדוד:
2 בקראי ענני אלהי צדקי
בצר הרחבת לי
חנני ושמע תפלתי:
3 בני איש עד מה כבדי ‹לב›
למה תאהבון ריק תבקשו כזב סלה:
4 ודעו כי הפלה יהוה חסדו לי
יהוה ישמע בקראי אליו:
ה רגזו ואל תחטאו
אמרו בלבבכם על משכבכם ודמו סלה:
6 זבחו זבחי צדק
ובטחו אל יהוה:
7 רבים אמרים מי יראנו טוב
נסה עלינו אור פניך יהוה:
8 נתתה שמחה בלבי
מעת דגנם ותירושם רבו:
9 בשלום יחדו אשכבה ואישן
כי אתה יהוה לבדד לבטח תושיבני:

5,א למנצח אל הנחילות מזמור לדוד:
2 אמרי האזינה יהוה
בינה הגיגי:
3 הקשיבה לקול שועי מלכי ואלהי
כי אליך אתפלל:
4 יהוה בקר תשמע קולי
בקר אערך לך ואצפה:
ה כי לא אל חפץ רשע אתה
לא יגרך רע:
6 לא יתיצבו הוללים לנגד עיניך
שנאת כל פעלי און:
7 תאבד דברי כזב
איש דמים ומרמה יתעב יהוה:
8 ואני ברב חסדך אבוא ביתך
אשתחוה אל היכל קדשך ביראתך:

5,9 יהוה נחני בצדקתך למען שוררי
הושר לפני דרכך:
י כי אין בפימו נכונה
קרבם הוות
קבר פתוח גרנם
לשונם יחליקון:
11 האשימם אלהים
יפלום ממעצותיהם
ברב פשעיהם הדיחמו
כי מרו בך:
12 וישמחו כל חוסי בך
לעולם ירננו ותסך עלימו
ויעלצו בך אהבי שמך:
13 כי אתה תברך צדיק
יהוה כצנה רצון תעטרנו:

6,א למנצח בנגינות על השמינית מזמור לדוד:
2 יהוה אל באפך תוכיחני
ואל בחמתך תיסרני:
3 חנני יהוה כי אמלל אני
רפאני יהוה כי נבהלו עצמי:
4 ונפשי נבהלה מאד
ואת יהוה עד מתי:
ה שובה יהוה חלצה נפשי
הושיעני למען חסדך:
6 כי אין במות זכרך
בשאול מי יודה לך:
7 יגעתי באנחתי
אשחה בכל לילה מטתי
בדמעתי ערשי אמסה:
8 עששה מכעס עיני
עתקה בכל צוררי:

9 סורו ממני כל פעלי און
כי שמע יהוה קול בכיי:
י שמע יהוה תחנתי
יהוה תפלתי יקח:
11 יבשו ויבהלו מאד כל איבי
ישבו יבשו רגע:

7,א שגיון לדוד אשר שר ליהוה על דברי
כוש בן ימיני:

7,2 יהוה אלהי בך חסיתי
הושיעני מכל רדפי והצילני:
3 פן יטרפו◦ כאריה נפשי
‹אין› פרק ואין מציל:
4 יהוה אלהי אם עשיתי . . .
אם יש עָול בכפי:
ה אם גמלתי שלמי רע
* * * * * * * * * * *
* * * * * * * * * *
ואחלצה צוררי ריקם:
6 ◦יִרַדֵּף אויב נפשי
וישג וירמס לארץ חיי
וכבודי לעפר יַשְׁכֵן סלה:

7 קומה יהוה באפך
הִנשא בעברות צוררי
ועורה אלי משפט צוית:
8 ועדת לאמים תסובבך
ועליה למרום ש◦בה:
9 יהוה ידין עמים
שפטני יהוה
כצדקי וכתמי עלי:
י יגמר נא רע רשעים
ותכונן צדיק
‹[אלהים צדיק]›
ובחן לבות וכליות[]:
11 מגִנִּי על אלהים
מושיע ישרי לב:
12 אלהים שופט צדיק
ואל זֹעם בכל יום:

13 אם לא ישוב חרבו ילטוש
קשתו דרך ויכוננֶה:
14 ולו הכין כלי מות
חציו לדלקים יפעל:
טו הנה יחַבל און
והרה עמל וילד שקר:
16 בור כרה ויחפרהו
ויפל בשחת יפעל:
17 ישוב עמלו בראשו
ועל קדקדו חמסו ירד:

18 אודה יהוה כצדקו
ואזמרה שם יהוה עליון:

8,א למנצח על הגתית מזמור לדוד:
2 יהוה אדנינו מה אדיר שמך בכל הארץ
...... הודך על השמים:
3 מפי עוללים ויונקים יסדת עז
למען צורריך
להשבית אויב ומתנקם:
4 כי אראה שמיך מעשה אצבעתיך
ירַח וכוכבים אשר כוננתה:
ה מה אנוש כי תזכרנו
ובן אדם כי תפקדנו:
6 ותחסרהו מעט מאלהים
וכבוד והדָר תעטרהו:
7 תמשילהו במעשי ידיך
כל שתּה תחת רגליו:
8 צֹנה ואלפים כלם
וגם בהמות שדי:
9 צפור שמים ודגי הים
עבר◦י◦ ארחות ימים:
י יהוה אדנינו
מה אדיר שמך בכל הארץ:

9,א למנצח על מות לבן מזמור לדוד:
2 אודה יהוה בכל לבי
אספרה כל נפלאותיך:
3 אשמחה ואעלצה בך
אזמרה שמך עליון:
4 בשוב אויבי אחור
יכשלו ויאבדו מפניך:
ה כי עשית משפטי ודיני
ישבת לכסא שופט צדק:
6 גערת גוים אבדת רשע
שמם מחית לעולם ועד:
7 האויב תמו
חֳרבות לנצח ◦ה◦ערים נתשת
אבד זכרם המה:

8 ויהוה לעולם ישב
כונן למשפט כסאו:
9 והוא ישפט תבל בצדק
ידין לאמים במישרים:
י ויהי יהוה משגב לדך
משגב לעתות בצרה:
11 ויבטחו בך יודעי שמך

9 כי לא עזבת דרשיך יהוה:
12 זמרו ליהוה ישב ציון
הגידו בעמים עלילותיו:
13 כי דרש דמים אותם זכר
לא שכח צעקת עניים:
14 חננני יהוה ראה עניי משנאי
מרוממי משערי מות:
טו למען אספרה כל תהלתיך
בשערי בת ציון אגילה בישועתך:
16 טבעו גוים בשחת עשו
ברשת זו טמנו נלכדה רגלם:
17 נודע יהוה משפט עשה
בפעל כפיו נוקש רשע הגיון סלה:

18 ישובו רשעים לשאולה
כל גוים שכחי אלהים:
19 כי לא לנצח ישכח אביון
תקות ענוים תאבד לעד:
כ קומה יהוה אל יעז אנוש
ישפטו גוים על פניך:
21 שיתה יהוה .... להם
ידעו גוים אנוש המה סלה:

10,א למה יהוה תעמד ברחוק
תעלים לעתות בצרה:
2 בגאות רשע ידלק עני
יתפשו במזמות זו חשבו:
3 כי הלל רשע על תאות נפשו
ובצע ברך נאץ יהוה:
4 רשע כגבה אפו
בל ידרש אין אלהים כל מזמותיו:
ה יצליח דרכו בכל עת
מרום משפטיך מנגדו
כל צורריו יפיח בהם:
6 אמר בלבו בל אמוט
לדר ודר אשב לא ברע:
7 אלה פיהו מלא ומרמות ותך
תחת לשונו עמל ואון:
8 ישב במארב חצרים
במסתרים יהרג נקי
עיניו לחלכה יצפנו:
9 יארב במסתר כאריה בסכה
יארב לחטוף עני
לחטף עני ......:

10,י דכה ישח
ונפל .... חלכאים:
11 אמר בלבו שכח אל
הסתיר פניו בל ראה לנצח:
12 קומה יהוה אל נשא ידך
אל תשכח עניים:
13 על מה נאץ רשע אלהים
אמר בלבו לא תדרש:
14 ראתה כי אתה עמל וכעס תביט
[3]עליך [4]יעזב [5]חלכה [1]לתת [2]בידך
יתום אתה היית עוזרו:
טו שבר זרוע רשע ורע
דרוש רשעו אל תשא:
16 יהוה מלך עולם ועד
אבדו גוים מארצו:
17 תאות ענוים שמעת יהוה
תכין לבך תקשיב אזנך:
18 לשפט יתום ודך
בל יוסיף עוד לערץ אנוש מן הארץ:

11,א למנצח לדוד
ביהוה חסיתי איך תאמרו לנפשי
נודו הרכם צפור:
2 כי הנה הרשעים ידרכון קשת
כוננו חצם על יתר
לירות במו אפל לישרי לב:
3 כי השתות יהרסון
צדיק מה פעל:
4 יהוה בהיכל קדשו
יהוה בשמים כסאו
עיניו יחזו
עפעפיו יבחנו בני אדם:
ה יהוה צדיק יבחן
ורשע ואהב חמס שנאה נפשו:
6 ימטר על רשעים פחים אש וגפרית
ורוח זלעפות מנת כוסם:
7 כי צדיק יהוה צדקות אהב
ישרים יחזו פנימו:

12,א למנצח על השמינית מזמור לדוד:

12,2 הושיעה יהוה כי גמר חָס˹י˺ד
כי ˹א˺פסו אמונים מבני אדם:
3 שוְא יְדַבְּרו איש את רעהו שפת חלקות
בלב ולב ידברו:
4 יַכְרֵת יהוה כל שפתי חלקות
לשון מדברת גדלות:
ה אשר אמרו ללשננו נגביר
שפתינו אתנו מי אדון לנו:

6 משד עניים מאֲנְקת אביונים
עתה אקום יאמר יהוה
אשית בְיֵשע יפיח ל˹ו˺:
7 אמרות יהוה אמרות טהרות
כסף צרוף בעליל לארץ
מזֻקק שבעתים:
9 סביב רשעים יתהלכון
˹כְּ˺רם זֻלֻת˹ו˺ לבני אדם:
8 אתה יהוה תשמר˹נו˺
תצרנו מן הדור זו לעולם:

13,א למנצח מזמור לדוד:
2 עד אנה יהוה תשכחני נצח
עד אנה תסתיר את פניך ממני:
3 עד אנה אשית עֵצות בנפשי
יגון בלבבי יום ˹ו˺ם
עד אנה ירום איבי עלי:
4 הביטה עֲנֵני יהוה אלהי
האירה עיני פן אישן המות:
ה פן יאמר איבי יכלתיו
צרי יגילו כי אמוט:
6 ואני בחסדך בטחתי
יגֵל לבי בישועתך
אשירה ליהוה כי גמל עלי:

14,א למנצח לדוד
אמר נבל בלבו
אין אלהים
השחיתו התעיבו עלילה
אין עשה טוב:
2 יהוה משמים השקיף על בני אדם
לראות היש משכיל
דרש את אלהים:

14,3 הכל סר יחדו נאלחו
אין עשה טוב אין גם אחד:
4 הלא ˹יֵ˺דעו כל פעלי און
אכלי עמי אכ˹ו˺ל˹ו˺ לחם
יהוה לא קראו:
ה שם פחדו פחד
כי אלהים בדור צדיק:
6 עצת עני תבישו
כי יהוה מחסהו:
7 מי יתן מציון ישועת ישראל
בשוב יהוה שבות עמו
יגל יעקב ישמח ישראל:

15,א מזמור לדוד
יהוה מי יגור באהלך
מי ישכן בהר קדשך:
2 הולך תמים ופעל צדק
ודבר אמת בלבבו:
3 לא רגל על לשנו
לא עשה לרעהו רעה
וחרפה לא נשא על קרבו:
4 נבזה בעיניו . . . .
ואת יראי יהוה יכַבֵּד
נשבע להרע ולא ימִר:
ה כספו לא נתן בנשך
ושחד על נקי לא לקח
עשה אלה לא ימוט לעולם:

16,א מכתם לדוד
שמרני אל כי חסיתי בך:
2 אמרת˹י˺ ליהוה
אדני אתה טובת˹י˺:
3 בלי˹על˺ כ˹ו˺ל ˹ק˺דושים אשר ב˹ח˺ר˹ו˺ המה
ואדירי˹ם˺ כל˹ם˺ ˹חָ˺פצ˹ו˺ בם:
4 יר˹צ˺ו עצבותם אחר˹י˺ם . . .
בל אסיך נסכיהם מדם
ובל אשא את שמותם על שפתי:

ה יהוה מְנָת חלקי וכוסי
אתה ת˹מי˺ד גורלי:
6 חבלים נפלו לי בנעימים
אף נחלת˹י˺ שפרה עלי:

16,7 אברך את יהוה אשר יעצני
אף לילות יסרוני כליותי:
8 שׁויתי יהוה לנגדי תמיד
כי מימיני בל אמוט:

9 לכן שמח לבי ויגל כבודי
אף בשרי ישכן לבטח:
י כי לא תעזב נפשי לשאול
לא תתן חסידיך לראות שחת:
11 תודיעני ארח חיים
שבע שמחות את פניך
נעמות בימינך נצח:

17,א תפלה לדוד
שמעה יהוה צדק
הקשיבה רנתי
האזינה תפלתי
בלא שפתי מרמה:
2 מלפניך משפטי יֵצא
עיניך תחזינה מֵישרים:
3 בחנת לבי פקדת לילה
צרפתני בל תמצא
·זמתי בל יעבר פי [לפעלות]·:
4 [] . . . בדבר שפתיך
·נ·שמרתי ·מ·ארחות פריץ:
ה תמכ·· אשרי במעגלותיך
בל נמוטו פעמי:

6 אני קראתיך כי תענני אל
הט אזנך לי שמע אמרתי:
7 הפלֵה חסדיך מושיע חוסים
ממתקוממים בימינך:
8 שמרני כאישון ·בְ·בַת עין
בצל כנפיך תסתירני:
9 מפני רשעים זו שדוני
איבי בנפש יקיפו עלי:
י חלב ·לב·מו סגרו
פימו דברו בגֵאות:
11 . . . . . . עתה סבבוני
עיניהם ישיתו לנטות בארץ * * * :
12 דמינו כאריה יכסוף לטרף
וככפיר ישב במסתרים:

17,13 קומה יהוה קדמה פניו
הכריעהו פלטה נפשי·:·
14 ·מרשע חרבך | ממתים ידך
יהוה ממתים מֵחלד חלקם בחיים·
וצפי·ו·נך תמלא בטנם
ישבעו בנים
והניחו יתרם לעולליהם:
טו אני בצדק אחזה פניך
אשבעה בהקיץ תמונתך:

18,א למנצח לעבד יהוה לדוד אשר דבר
ליהוה את דברי השירה הזאת ביום
הציל יהוה אותי מכף כל איביו ומיד
2 שאול: ויאמר
ארחָמך יהוה חזקי:
3 יהוה סלעי ומצודתי ומפלטי
אלי צורי אחסה בו
מגני וקרן ישעי משגבי:
4 מהֻלל אקרא יהוה
ומן איבי אוָשע:

ה אפפוני חבלי מות
ונחלי בליעל יבעתוני:
6 חבלי שאול סבבוני
קדמוני מוקשי מות:
7 בצר לי אקרא יהוה
ואל אלהי אשוֵע
ישמע מהיכלו קולי
ושוְעתי לפניו תבא באזניו:
8 ותגעש ותרעש הארץ
ומוסדי הרים ירגזו
ויתגעשו כי חרה לו:
9 עלה עשן באפו
ואש מפיו תאכל
גחלים בערו ממנו:
י ויֵט שמים וירד
וערפל תחת רגליו:
11 וירכב על כרוב ויעף
ויֵדא על כנפי רוח:
12 ישֶׁת חשך סתרו
סביבותיו סכתו
חשכת מים ·עָבי· שחקים:
13 מנגה נגדו עביו עברו

18 ברד ונחלי אש:
14 וירעם בשמים יהוה
ועליון יתן קלו*:
טו וישלח חציו ויפיצם
וברקים רב ויהמם:
16 ויראו אפיקי מים
ויגלו מוסדות תבל
מגערתך יהוה
מנשמת רוח אפך:
17 ישלח ממרום יקחני
ימשני ממים רבים:
18 יצילני מאיבי עז
ומשנאי כי אמצו ממני:
19 יקדמוני ביום אידי
ויהי יהוה למשען לי:
כ ויוציאני למרחב
יחלצני כי חפץ בי:

21 יגמלני יהוה כצדקי
כבר ידי ישיב לי:
22 כי שמרתי דרכי יהוה
ולא רשעתי מאלהי:
23 כי כל משפטיו לנגדי
וחקתיו לא אסיר מני:
24 ואהי תמים עמו
ואשתמר מעוני:
כה וישב יהוה לי כצדקי
כבר ידי לנגד עיניו:
26 עם חסיד תתחסד
עם גבר תמים תתמם:
27 עם נבר תתברר
ועם עקש תתפתל:
28 כי אתה עם עני תושיע
ועינים רמות תשפיל:
29 כי אתה תאיר נרי
יהוה אלהי יגיה חשכי:
ל כי בך ארץ גדוד
ובאלהי אדלג שור:

31 האל תמים דרכו
אמרת יהוה צרופה
מגן הוא לכל החוסים בו:

(*) 18,14 ברד וגחלי אש

18,32 כי מי אלוה מבלעדי יהוה
ומי צור זולתי אלהינו:
33 האל המאזרני חיל
ויתן תמים דרכי:
34 משוה רגלי כאילות
ועל במותי יעמידני:
לה מלמד ידי למלחמה
ונחתה קשת נחושה זרועתי:
36 ותתן לי מגן ישעך
וימינך תסעדני
ועזרתך תרבני:
37 תרחיב צעדי תחתי
ולא מעדו קרסלי:
38 ארדוף אויבי ואשיגם
ולא אשוב עד כלותם:
39 אמחצם ולא יכלו קום
יפלו תחת רגלי:
מ ותאזרני חיל למלחמה
תכריע קמי תחתי:
41 ואיבי נתתה לי ערף
ומשנאי אצמיתם:
42 ישועו ואין מושיע
על יהוה ולא ענם:
43 ואשחקם כעפר על פני רוח
כטיט חוצות אריקם:
44 תפלטני מריבי עמי*
תשימני לראש גוים
עם לא ידעתי יעבדוני:
מה לשמע אזן ישמעו לי
בני נכר יכחשו לי:
46 בני נכר יבלו
ויחרגו ממסגרותיהם:

47 חי יהוה וברוך צורי
וירום אלוהי ישעי:
48 האל הנותן נקמות לי
וירבד עמים תחתי:
49 מפלטי מאיבי
אף מן קמי תרוממני
מאיש חמס תצילני:
נ על כן אודך בגוים יהוה
ולשמך אזמרה:
51 מגדל ישועות מלכו
ועשה חסד למשיחו

18 לדוד ולזרעו עד עולם:

19,א למנצח מזמור לדוד:
2 השמים מספרים כבוד אל
ומעשה ידיו מגיד הרקיע:
3 יום ליום יביע אמר
ולילה ללילה יחוה דעת:[a]
ה בכל הארץ יצא קולם
ובקצה תבל מליהם
* * * * * * * * * *
לשמש שם אהל בהם:
6 והוא כחתן יצא מחפתו
ישיש כגבור לרוץ ארח:
7 מקצה השמים מוצאו
ותקופתו על קצותם
ואין נסתר מחמתו:

8 תורת יהוה תמימה משיבת נפש
עדות יהוה נאמנה מחכימת פתי:
9 פקודי יהוה ישרים משמחי לב
מצות יהוה ברה מאירת עינים:
י יראת יהוה טהורה עומדת לעד
משפטי יהוה אמת צדקו יחדו:
11 הנחמדים מזהב ומפז רב
ומתוקים מדבש ונפת צופים:
12 גם עבדך נזהר בהם
בשמרם עקב רב:
13 שגיאות מי יבין
מנסתרות נקני:
14 גם מזדים חשך עבדך אל ימשלו בי
אז איתם ונקיתי מפשע רב:

טו יהיו לרצון אמרי פי והגיון לבי
לפניך יהוה צורי וגואלי:

20,א למנצח מזמור לדוד:
2 יענך יהוה ביום צרה
ישגבך שם אלהי יעקב:
3 ישלח עזרך מקדש
ומציון יסעדך:

20,4 יזכר כל מנחתיך
ועולתך ידשנה סלה:
ה יתן לך כלבבך
וכל עצתך ימלא:
6 נרננה בישועתך
ובשם אלהינו נגדל
ימלא יהוה כל משאלותיך:

7 עתה ידעתי כי הושיע יהוה משיחו
יענהו משמי קדשו
בגבורות ישע ימינו:
8 אלה ברכב ואלה בסוסים
ואנחנו בשם יהוה אלהינו נזכיר:
9 המה כרעו ונפלו
ואנחנו קמנו ונתעודד:

י יהוה הושיעה המלך
ויעננו ביום קראנו:

21,א למנצח מזמור לדוד:
2 יהוה בעזך ישמח מלך
ובישועתך מה יגיל מאד:
3 תאות לבו נתתה לו
וארשת שפתיו בל מנעת סלה:
4 כי תקדמנו ברכות טוב
תשית לראשו עטרת פז:
ה חיים שאל ממך נתתה לו
ארך ימים עולם ועד:
6 גדול כבודו בישועתך
הוד והדר תשוה עליו:
7 כי תשיתהו ברכות לעד
תחדהו בשמחה את פניך:

8 כי המלך בטח ביהוה
ובחסד עליון בל ימוט:
9 תמצא ידך לכל איביך
ימינך תמצא שנאיך:
י תשיתמו כתנור אש לעת פניך
יהוה באפו יבלעם ותאכלם אש:
11 פרימו מארץ תאבד
וזרעם מבני אדם:
12 כי נטו עליך רעה
חשבו מזמה בל יוכלו:

(a) 19,4 אין אמר ואין דברים בלי נשמע קולם:

21,13 כי תשיתמו שכם
במיתריך תכונן על פניהם:

14 רומה יהוה בעזך
נשירה ונזמרה גבורתך:

22,א למנצח על אילת השחר מזמור לדוד:
2 אלי אלי למה עזבתני
רחוק מישועתי דברי שאגתי:
3 אלהי אקרא יומם ולא תענה
ולילה ולא דומיה לי:

4 ואתה קדוש
יושב תהלות ישראל:
ה בך בטחו אבתינו
בטחו ותפלטמו:
6 אליך זעקו ונמלטו
בך בטחו ולא בושו:
7 ואנכי תולעת ולא איש
חרפת אדם ובזוי עם:
8 כל ראי ילעגו לי
יפטירו בשפה יניעו ראש:
9 יגל אל יהוה יפלטהו
יצילהו כי חפץ בו:

י כי אתה גחי מבטן
מבטחי על שדי אמי:
11 עליך השלכתי מרחם
מבטן אמי אלי אתה:
12 אל תרחק ממני כי צרה קרובה
כי אין עוזר:

13 סבבוני פרים רבים
אבירי בשן כתרוני:
17 כי סבבוני כלבים
עדת מרעים הקיפוני[α]:
14 פצו עלי פיהם
אריה טרף ושאג:
טו כמים נשפכתי
והתפרדו כל עצמותי
היה לבי כדונג
22 נמס בתוך מעי:
16 יבש כחרש [1,2]כחי
ולשוני מדבק מלקוחי
ולעפר מות תשפתני:

18 אספר כל עצמותי
המה יביטו יראו בי:
19 יחלקו בגדי להם
ועל לבושי יפילו גורל:

כ ואתה יהוה אל תרחק
אילותי לעזרתי חושה:
21 הצילה מחרב נפשי
מיד כלב יחידתי:
22 הושיעני מפי אריה
ומקרני רמים ענִיתי:
23 אספרה שמך לאחי
בתוך קהל אהללך:

24 יראי יהוה הללוהו
כל זרע יעקב כבדוהו
וגורו ממנו כל זרע ישראל:
כה כי לא בזה ולא שקץ ענות עני
ולא הסתיר פניו ממנו
ובשועו אליו שמע:
26 מאתך תהלתי בקהל רב
נדרי אשלם נגד יראיו:
27 יאכלו ענוים וישבעו
יהללו יהוה דרשיו
יחי לבבכם לעד:
28 יזכרו וישבו אל יהוה כל אפסי ארץ
וישתחוו לפניך כל משפחות גוים:

29 כי ליהוה המלוכה
ומשל בגוים:
ל אך לו ישתחוו כל דשני ארץ
לפניו יכרעו[α] עפר[β]:
31 זרע עבדיו יספר לאדני לדור | יבאו:
32 ויגידו צדקתו לעם נולד
כי עשה * * * *:

(α) 22,17 כארי ידי ורגלי

(α) 22,ל כל יורדי * (β) ונפשו לא חיה

23,א מזמור לדוד
יהוה רעי
לא אחסר:
2 בנאות דשא ירביצני
על מי מְנֻחות יְנַהלני:
3 נפשי ישובב
יַנְחני במעגלי צדק למען שמו:
4 גם כי אלך בגיא צלמות
לא אירא רע
כי אתה עמדי
שבטך ומשענתך המה יְנַחֲמֻני:
ה תערך לפני שלחן נגד צררי
דשנת בשמן ראשי
כוסי רְוָיה:
6 אך טוב וחסד ירדפוני כל ימי חיי
ו‹י›שבתי בבית יהוה לארך ימים:

24,א לדוד מזמור
ליהוה הארץ ומלואה
תבל וישבי בה:
2 כי הוא על ימים יסדה
ועל נהרות יכוננה:
3 מי יעלה בהר יהוה
ומי יקום במקום קדשו:
4 נקי כפים ובר לבב
אשר לא נשא לשוְא נפשו
ולא נשבע למרמה:
ה ישא ברכה מאת יהוה
וצדקה מאלהי ישעו:
6 זה דור דרש‹י›ו
מבַקשי פניך ‹אלהי› יעקב סלה:

7 שאו שערים ראשיכם
והנשאו פתחי עולם
ויבוא מלך הכבוד:
8 מי זה מלך הכבוד
יהוה עִזוז וגבור
יהוה גבור מלחמה:
9 שאו שערים ראשיכם
ושאו פתחי עולם
ויבא מלך הכבוד:
י מי הוא זה מלך הכבוד
יהוה צבאות הוא מלך הכבוד סלה:

25,א לדוד
אליך יהוה נפשי אשא ‹[a]›
2 בך בטחתי אל אֵבושה
אל יעלצו אויבי לי:
3 גם כל קויך לא יֵבשו
יבשו הבוגדים ריקם:
4 דרכיך יהוה הודיעני
ארחותיך למדני:
ה הדריכני באמִתך ולמדני
כי אתה אלהי ישעי
‹ו›אותך קוִיתי כל היום:
6 זכר רחמיך יהוה וחסדיך
כי מעולם המה:
7 חטאות נעורי ופשעי אל תזכר
כחסדך זכר לי אתה
למען טובך יהוה:
8 טוב וישר יהוה
על כן יורה ‹ח›טָאים בדרך:
9 ידרך ענָוים במשפט
וילמד ענוים דרכו:
י כל ארחות יהוה חסד ואמת
לנצרי בריתו ועדתיו:
11 למען שמך יהוה
וסלחת לעֲוני כי רב הוא:
12 מי זה האיש ירֵא יהוה
יורנו בדרך יבחר:
13 נפשו בטוב תלין
וזרעו יירש ארץ:
14 סוד יהוה ליראיו
ובריתו להודיעם:
טו עיני תמיד אל יהוה
כי הוא יוציא מרשת רגלי:
16 פנה אלי וחנני
כי יחיד ועני אני:
17 צרות לבבי הרח‹י›בו
ו‹מ›ממצוקותי הוציאני:
18 ‹ר›אה עניי ועמלי
ושא לכל חטאותי:
19 ‹ר›אה איבי כי רבו
ושנאת חמס שנאוני:
כ שמרה נפשי והצילני
אל אֵבוש כי חסיתי בך:

(a) 25,2 אלהי

25,21 תם וישר יצרוני
כי קויתיך:
22 פדה אלהים את ישראל
מכל צרותיו:

26,א לדוד
שפטני יהוה כי אני בתמי הלכתי
וביהוה בטחתי לא אמעד:
2 בחנני יהוה ונסני
צרופה כליותי ולבי:
3 כי חסדך לנגד עיני
והתהלכתי באמתך:
4 לא ישבתי עם מתי שוא
ועם נעלמים לא אבוא:
ה שנאתי קהל מרעים
ועם רשעים לא אשב:
6 ארחץ בנקיון כפי
ואסבבה את מזבחך יהוה:
7 לשמע בקול תודה
ולספר כל נפלאותיך:
8 יהוה אהבתי מעון ביתך
ומקום משכן כבודך:
9 אל תאסף עם חטאים נפשי
ועם אנשי דמים חיי:
י אשר בידיהם זמה
וימינם מלאה שחד:
11 ואני בתמי אלך
פדני וחנני:
12 רגלי עמדה במישור
במקהלים אברך יהוה:

27,א לדוד
יהוה אורי וישעי ממי אירא
יהוה מעוז חיי ממי אפחד:
2 בקרב עלי מרעים לאכל את בשרי
צרי ואיבי לי
המה כשלו ונפלו:
3 אם תחנה עלי מחנה
לא יירא לבי
אם תקום עלי מלחמה
בזאת אני בוטח:
4 אחת שאלתי מאת יהוה
27 אותה אבקש
שבתי בבית יהוה כל ימי חיי
לחזות בנעם יהוה ולבקר בהיכלו:
ה כי יצפנני בסכה ביום רעה
יסתירני בסתר אהלו
בצור ירוממני:
6 ועתה ירום ראשי על איבי סביבותי
ואזבחה באהלו זבחי תרועה
אשירה ואזמרה ליהוה:

7 שמע יהוה קולי אקרא
וחנני וענני:
8 לך אמר לבי בקשו פני
את פניך יהוה אבקש:
9 אל תסתר פניך ממני
אל תט באף עבדך[a]
אל תטשני ואל תעזבני
אלהי ישעי:
י כי אבי ואמי עזבוני
ויהוה יאספני:
11 הורני יהוה דרכך
ונחני בארח מישור
למען שררי:
12 אל תתנני בנפש צרי
כי קמו בי עדי שקר ויפח חמס:
13 לולא האמנתי לראות בטוב יהוה
בארץ חיים:
14 קוה אל יהוה
חזק ויאמץ לבך
וקוה אל יהוה:

28,א לדוד
אליך יהוה אקרא
צורי אל תחרש ממני
פן תחשה ממני
ונמשלתי עם יורדי בור:
2 שמע קול תחנוני בשועי אליך
בנשאי ידי אל דביר קדשך:
3 אל תמשכני עם רשעים ועם פעלי און
דברי שלום עם רעיהם ורעה בלבבם:
4 תן להם כפעלם וכרע מעלליהם

(a) 27,9 עזרתי היית

28 כמעשה ידיהם תן להם
השב גמולם להם׃
ה כי לא יבינו אל פעלת יהוה
ואל מעשה ידיו
יהרסם ולא יבנם׃

6 ברוך יהוה
כי שמע קול תחנוני׃
7 יהוה עזי ומגני
בו בטח לבי ונעזרתי
ויעלז לבי ומשירי אהודנו׃
8 יהוה עז לעמו
ומעוז ישועות משיחו הוא׃
9 הושיעה את עמך
וברך את נחלתך
ורעם ונשאם עד העולם׃

29,א מזמור לדוד
הבו ליהוה בני אלים
הבו ליהוה כבוד ועז׃
2 הבו ליהוה כבוד שמו
השתחוו ליהוה בהדרת קדש׃
3 קול יהוה על המים
אל הכבוד הרעים
יהוה על מים רבים׃
4 קול יהוה בכח
קול יהוה בהדר׃
ה קול יהוה שבר ארזים
וישבר יהוה את ארזי הלבנון׃
6 וירקידם כמו עגל לבנון
ושריון כמו בן ראמים׃
7 קול יהוה חצב * * * *
* * * * להבות אש׃
8 קול יהוה יחיל מדבר
יחיל יהוה מדבר קדש׃
9 קול יהוה יחולל אילות
ויחשף יערות
ובהיכלו כלו אמר כבוד׃
י יהוה למבול ישב
וישב יהוה מלך לעולם׃
11 יהוה עז לעמו יתן
יהוה יברך את עמו בשלום׃

30,א מזמור שיר חנכת הבית לדוד׃
2 ארוממך יהוה כי דליתני
ולא שמחת איבי לי׃
3 יהוה אלהי
שועתי אליך ותרפאני׃
4 יהוה העלית מן שאול נפשי
חייתני מיורדי בור׃
ה זמרו ליהוה חסידיו
והודו לזכר קדשו׃
6 כי רגע באפו חיים ברצונו
בערב ילין בכי ולבקר רנה׃

7 ואני אמרתי בשלוי
בל אמוט לעולם׃
8 יהוה ברצונך העמדתני על הררי עז
הסתרת פניך הייתי נבהל׃
9 אליך יהוה אקרא
ואל יהוה אתחנן׃
י מה בצע בדמי ברדתי אל שחת
היודך עפר היגיד אמתך׃
11 שמע יהוה וחנני
יהוה היה עזר לי׃
12 הפכת מספדי למחול לי
פתחת שקי ותאזרני שמחה׃
13 למען יזמרך כבודי ולא ידם
יהוה אלהי לעולם אודך׃

31,א למנצח מזמור לדוד׃
2 בך יהוה חסיתי
אל אבושה לעולם
בצדקתך פלטני׃
3 הטה אלי אזנך מהרה הצילני
היה לי לצור מעוז
לבית מצודות להושיעני׃
4 כי סלעי ומצודתי אתה
ולמען שמך תנחני ותנהלני׃
ה תוציאני מרשת זו טמנו לי
כי אתה מעוזי׃
6 בידך אפקיד רוחי
פדיתה אותי יהוה אל אמת׃
7 שנאתי השמרים הבלי שוא
ואני אל יהוה בטחתי׃
8 אגילה ואשמחה בחסדך

31 אשר ראית את עָנְיִי
ידעת ·בְּצָרוֹת נפשי:
9 ולא הסגרתני ביד אויב
העמדת במרחב רגלי:

י חנני יהוה כי צר לי
עששה בכעס עיני נפשי ובטני:
11 כי כלו בְיָגוֹן חיי
ושנותי באנחה
כשל בעוני כֹחִי
ועצמי עָשֵׁשׁוּ | מכל צוררי·
12 הייתי חרפה ·לשכֵני מאד
ופחד למיֻדעי
רֹאַי בחוץ נדדו ממני:
13 נשכחתי כמת מלב
הייתי ככלי אבד:
14 כי שמעתי דבת רבים מגור מסביב
בהִוָּסדם יחד עלי
לקחת נפשי זממו:

טו ואני עליך בטחתי יהוה
אמרתי אלהי אתה:
16 בידך עִתֹּתי
הצילני מיד אויבי ·ומרדפי:
17 האירה פניך על עבדך
הושיעני בחסדך:
18 יהוה אל אֵבושה כי קראתיך
יֵבשו רשעים ידמו לשאול:
19 תֵּאלמנה שפתי שקר
הדברות על צדיק עָתָק
בגאוה ובוז:

כ מה רב טובך
אשר צפנת ליראיך
פעלת לחוסים בך
נגד בני אדם:
21 תסתירם בסתר פניך מֵר... איש
תצפנם בסכה מריב לשנות:
22 ברוך יהוה
כי הפליא חסדו לי בעית ·מָצוֹר·:
23 ואני אמרתי בחָפזי
נגרזתי מנגד עיניך
אכן שמעת קול תחנוני
בשַׁוְּעִי אליך:

31,24 אֶהֱבו את יהוה כל חסידיו
אמונים נֹצר יהוה
ומשלם על יתר עשה גאוה:
כה חזקו ויַאמץ לבבכם
כל המיַחלים ליהוה:

32,א לדוד משכיל
אשרי נשוי פשע
כסוי חטאה:
2 אשרי אדם לא יחשב יהוה לו עון
ואין ברוחו רמיה:
3 כי החרשתי בלו עצמי
בשאגתי כל היום:
4 כי יומם ולילה תכבד עלי ידך
נהפך לְשַׁדִּי ·בחרבוני קַיִץ· סלה:
ה חטאתי אודיעך ועֲוֹני לא כסיתי
אמרתי אודה עלי פשעי ליהוה
ואתה נשאת עון חטאתי סלה:
6 על זאת יתפלל כל חסיד אליך
לעת ·מָצוֹר קֹל שטף· מים רבים
אליו לא יגיעו:
7 אתה סֵתר לי מצַר תצרני
... פלט תסובבני סלה:
8 אשכילך ואורך בדרך זו תלך
..... עליך עיני:
9 אל תהיו כסוס כפרד אין הבין
במתג ורסן עֶדְיו לבלום
.. ..:
י רבים מכאובים לרשע
והבוטח ביהוה חסד יסובבנו:
11 שמחו ביהוה וגילו צדיקים
והרנינו כל ישרי לב:

33,א רננו צדיקים ביהוה
לישרים נָאוָה תהלה:
2 הודו ליהוה בכנור
בנבל עשור זמרו לו:
3 שירו לו שיר חדש
היטיבו נַגֵּן בתרועה:
4 כי ישר דבר יהוה
וכל מעשהו באמונה:

ה,33 אהב צדקה ומשפט
חסד יהוה מלאה הארץ:
6 בדבר יהוה שמים נעשו
וברוח פיו כל צבאם:
7 כנס כנד מי הים
נתן באוצרות תהומות:
8 ייראו מיהוה כל הארץ
ממנו יגורו כל ישבי תבל:
9 כי הוא אמר ויהי
הוא צוה ויעמד:
י יהוה הפיר עצת גוים
הניא מחשבות עמים:
11 עצת יהוה לעולם תעמד
מחשבות לבו לדר ודר:
12 אשרי הגוי אשר יהוה אלהיו
העם בחר לנחלה לו:
13 משמים הביט יהוה
ראה את כל בני האדם:
14 ממכון שבתו השגיח
אל כל ישבי הארץ:
טו היצר יחד לבם
המבין אל כל מעשיהם:
16 אין המלך נושע ברב חיל
גבור לא ינצל ברב כח:
17 שקר הסוס לתשועה
וברב חילו לא ימלט:
18 הנה עין יהוה אל יראיו
למיחלים לחסדו:
19 להציל ממות נפשם
ולחיותם ברעב:
כ נפשנו חכתה ליהוה
עזרנו ומגננו הוא:
21 כי בו ישמח לבנו
כי בשם קדשו בטחנו:
22 יהי חסדך יהוה עלינו
כאשר יחלנו לך:

א,34 לדוד בשנותו את טעמו לפני אבימלך
ויגרשהו וילך:
2 אברכה את יהוה בכל עת
תמיד תהלתו בפי:
3 ביהוה תתהלל נפשי
ישמעו ענוים וישמחו:

4,34 גדלו ליהוה אתי
ונרוממה שמו יחדו:
ה דרשתי את יהוה ועגני
ומכל מגורותי הצילני:
6 הביטו אליו ונהרו
ופניהם אל יחפרו:
7 זה עני קרא ויהוה שמע
ומכל צרותיו הושיעו:
8 חנה מלאך יהוה
סביב ליראיו ויחלצם:
9 טעמו וראו כי טוב יהוה
אשרי הגבר יחסה בו:
י יראו את יהוה קדשיו
כי אין מחסור ליראיו:
11 כפירים רשו ורעבו
ודרשי יהוה לא יחסרו כל טוב:
12 לכו בנים שמעו לי
יראת יהוה אלמדכם:
13 מי האיש החפץ חיים
אהב ימים לראות טוב:
14 נצר לשונך מרע
ושפתיך מדבר מרמה:
טו סור מרע ועשה טוב
בקש שלום ורדפהו:
17 פני יהוה בעשי רע
להכרית מארץ זכרם:
16 עיני יהוה אל צדיקים
ואזניו אל שועתם:
18 צעקו ויהוה שמע
ומכל צרותם הצילם:
19 קרוב יהוה לנשברי לב
ואת דכאי רוח יושיע:
כ רבות רעות צדיק
ומכלם יצילנו יהוה:
21 שמר כל עצמתיו
אחת מהנה לא נשברה:
22 תמותת רשע רעה
ושנאי צדיק יאשמו:

23 פדה יהוה נפש עבדיו
ולא יאשמו כל החסים בו:

א,35 לדוד
ריבה יהוה את יריבי

35 לחַם את לחמי:
2 החזֵק מגֵן וצנּה
וקומה בעזרתי:
3 והרֵק חנית וסגר לקראת רדפי
אמֹר לנפשי ישֻׁעתֵך אני:
4 יֵבשו ויכּלמו מבַקשי נפשי
יסֹּגו אחור ויתפרו חשבי רעתי:
ה יהיו כמֹץ לפני רוח
ומלאך יהוה ד‹ח›ם:
6 יהי דרכם חשך וחלקלקת
ומלאך יהוה רדפם:
7 כי חנּם טמנו לי [] רשתם
חנּם חפרו ‹[שחת]› לנפשי:
8 תבואֵהו שואה לא יֵדע
ורשתו אשר טמן תלכדו
בש‹ח›ת‹ה› יפל בהּ:
9 ונפשי תגיל ביהוה
תשיש בישועתו:
י כל עצמֹתי תאמרנה
יהוה מי כמוך
מציל עני מחזק ממנו
ועני ואביון מגֹּזלו:

11 יקומון עֵדי חמס
אשר לא ידעתי ישאלוני:
12 ישלּמוני רעה תחת טובה
שכול לנפשי:
13 ואני בחלותם לבושי שק
עניתי בצום נפשי
ותפלתי . . . . :
14 כרֵע כאח לי התהלכתי
כאבל אם קדר שחֹתי:
טו ובצלעי שמחו . . . . . .
. . . . ‹:›
16 קרעו ולא דמו | ‹מ›ת‹ר›פי
לעג‹ו› ל‹ע›וג חרק‹ו› עלי שנימו:
17 אדני כמה תראה
השיבה נפשי מש‹א›נ‹י›ם
מכפירים יחידתי:
18 אודך בקָהָל רב
בעם עצום אהַללך:

19 אל ישמחו לי איבי שקר
שנאי חנּם יקרצו עין:

35,כ כי לא שלום ידַברו ‹ע›ל ‹ר›געי ארץ
דברי מרמות יחשבון:
21 וירחיבו עלי פיהם
אמרו האח האח
ראתה עיננו:
22 ראיתה יהוה אל תחרש
אדני אל תרחק ממני:
23 העירה והקיצה למשפטי
אלהי ואדני לריבי:
24 שפטני כצדקך יהוה אלהי
ואל ישמחו לי:
כה אל יאמרו בלבם האח נפשנו
אל יאמרו בלענוהו:
26 יֵבשו ויחפרו יחדו שמֵחי רעתי
ילבשו בשת וכלמה המגדילים עלי:
27 ירנּו וישמחו חפֵצי צדקי
ויאמרו תמיד יגדל יהוה
החפֵץ שלום עבדו:
28 ולשוני תהגה צדקך
כל היום תהלתך:

36,א למנצח לעבד יהוה לדוד:
2 נאם פשע לרשע בקרב לב‹ו›
אין פחד אלהים לנגד עיניו:
3 כי החליק אֵ‹מ›ר‹י›ו ב‹עֵו›נ‹ו›
ל‹מ›ר‹ ›עֲונו ‹ל›ש‹נ›‹ו›:
4 דברי פיו אָון ומרמה
חדל להשכיל להיטיב:
ה אָון יחשב על משכבו
יתיצב על דרך לא טוב
רע לא ימאס:
6 יהוה ‹עד› השמים חסדך
אמונתך עד שחקים:
7 צדקתך כהררי אל
משפטיך ‹כ›תהום רבה
אדם ובהמה תושיע יהוה:
8 מה יקר חסדך אלהים
ובני אדם בצל כנפיך יחסיון:
9 ירוְיֻן מדשן ביתך
ונחל עדניך תשקֵם:
י כי עִמך מקור חיים
באורך נראה אור:
11 משך חסדך לידעיך

36 וצדקתך לישרי לב:
12 אל תבואני רגל גאוה
ויד רשעים אל תנדני:
13 שם נפלו פעלי און
דחו ולא יכלו קום:

37,א לדוד
אל תתחר במרעים
אל תקנא בעשי עולה:
2 כי כחציר מהרה ימלו
וכירק דשא יבולון:
3 בטח ביהוה ועשה טוב
שכן ארץ ורעה אמונה:
4 והתענג על יהוה
ויתן לך משאלת לבך:
ה גול על יהוה דרכך
ובטח עליו והוא יעשה:
6 והוציא כאור צדקך
ומשפטך כצהרים:
7 דום ליהוה והתחולל לו
אל תתחר במצליח דרכו
באיש עשה מזמות:
8 הרף מאף ועזב חמה
אל תתחר אך להרע:
9 כי מרעים יכרתון
וקוי יהוה המה יירשו ארץ:
י ועוד מעט ואין רשע
והתבוננת על מקומו ואיננו:
11 וענוים יירשו ארץ
והתענגו על רב שלום:
12 זמם רשע לצדיק
וחרק עליו שניו:
13 אדני ישחק לו
כי ראה כי יבא יומו:
14 חרב פתחו רשעים ודרכו קשתם
להפיל עני ואביון
לטבוח ישרי דרך:
טו חרבם תבוא בלבם
וקשתותם תשברנה:
16 טוב מעט לצדיק
מהמון רשעים רב◦◦:
17 כי זרועות רשעים תשברנה
וסומך צדיקים יהוה:

37,18 יודע יהוה ימי תמימם
ונחלתם לעולם תהיה:
19 לא יבשו בעת רעה
ובימי רעבון ישבעו:
כ כי רשעים יאבדו
ואיבי יהוה כיקר כרים
כלו בעשן כלו:
21 לוה רשע ולא ישלם
וצדיק חונן ונותן:
22 כי מברכיו יירשו ארץ
ומקלליו יכרתו:
23 מיהוה מצעדי גבר כוננו
ודרכו יחפץ:
24 כי יפל לא יוטל
כי יהוה סומך ידו:
כה נער הייתי גם זקנתי
ולא ראיתי צדיק נעזב
וזרעו מבקש לחם:
26 כל היום חונן ומלוה
וזרעו לברכה:
27 סור מרע ועשה טוב
ושכן לעולם:
28 כי יהוה אהב משפט
ולא יעזב את חסידיו:
עולים נשמדו
וזרע רשעים נכרת:
29 צדיקים יירשו ארץ
וישכנו לעד עליה:
ל פי צדיק יהגה חכמה
ולשונו תדבר משפט:
31 תורת אלהיו בלבו
לא תמעד אשריו:
32 צופה רשע לצדיק
ומבקש להמיתו:
33 יהוה לא יעזבנו בידו
ולא ירשיענו בהשפטו:
34 קוה אל יהוה ושמר דרכו
וירוממך לרשת ארץ
בהכרת רשעים תראה:
לה ראיתי רשע . . . .
. . . . . . כארז[1][2] רענן:
36 ואעבר והנה איננו
ואבקשהו ולא נמצא:
37 שמר תם וראה ישר

37 כי אחרית לאיש שלום:
38 ופשעים נשמדו יחדו
אחרית רשעים נכרתה:
39 ◦תשועת צדיקים מיהוה
מעוזם בעת צרה:
מ ויעזרם יהוה ויפלטם
יפלטם מרשעים ויושיעם
כי חסו בו:

38,א מזמור לדוד להזכיר:
2 יהוה אל בקצפך תוכיחני
ובחמתך תיסרני:
3 כי חציך נחתו בי
ותנחת עלי ידך:
4 אין מתם בבשרי מפני זעמך
אין שלום בעצמי מפני חטאתי:
ה כי עונתי עברו ראשי
כמשא כבד יכבדו ממני:
6 הבאישו נמקו חבורתי
מפני אולתי:
7 נעויתי שחותי עד מאד
כל היום קדר הלכתי:
8 כי כסלי מלאו נקלה
ואין מתם בבשרי:
9 נפוגתי ונדכיתי עד מאד
שאגתי מנהמת לביא:

י אדני נגדך כל תאותי
ואנחתי ממך לא נסתרה:
11 לבי סחרחר עזבני כחי
ואור עיני גם הם אין אתי:
12 אהבי ורעי מנגד נגעי יעמדו
וקרובי מרחק עמדו:
13 וינקשו מבקשי נפשי
ודרשי רעתי דברו הוות
ומרמות כל היום יהגו:
14 ואני כחרש לא אשמע
וכאלם לא יפתח פיו:
טו ואהי כאיש אשר לא שמע
ואין בפיו תוכחות:

16 כי לך יהוה הוחלתי
אתה תענה אדני אלהי:

38,17 כי אמרתי פן ישמחו לי
במוט רגלי עלי הגדילו:
18 כי אני לצלע נכון
ומכאובי נגדי תמיד:
19 כי עוני אגיד
אראג מחטאתי:
כ ואיבי חנם עצמו
ורבו שנאי שקר:
21 ומשלמי רעה תחת טובה
ישטנוני תחת רדפי טוב:

22 אל תעזבני יהוה אלהי
אל תרחק ממני:
23 חושה לעזרתי
אדני תשועתי:

39,א למנצח לידיתון מזמור לדוד:
2 אמרתי אשמרה דרכי
מחטוא בלשוני
אשמרה לפי מחסום
בעוד רשע לנגדי:
3 נאלמתי דומיה
החשיתי מטוב
וכאבי נעכר:
4 חם לבי בקרבי
בהגיגי תבער אש
דברתי בלשוני:

ה הודיעני יהוה קצי
ומדת ימי מה היא
ארעה מה חדל אני:
6 הנה טפחות נתתה ימי
וחלדי כאין נגדך
אך הבל כל אדם[a] סלה:
7 אך בצלם יתהלך איש
אך הבל יהמיון
יצבר ולא ידע מי אספם:
8 ועתה מה קויתי אדני
תוחלתי לך היא:
9 מכל פשעי הצילני

(a) 39.6 נצב

39,11—41,8 תהלים 18

39 חרפת נבל אל תשימני:[α]
11 הסר מעלי נגעך
מתגרת ידך אני כליתי:
12 בתוכחות על עון יסרת איש
ותמס כעש חמודו
אך הבל כל אדם סלה:
13 שמעה תפלתי יהוה
ושועתי האזינה
אל דמעתי אל תחרש
כי גר אנכי עמך
תושב ככל אבותי:
14 השע ממני ואבליגה
בטרם אלך ואינני:

40,א למנצח לדוד מזמור:
2 קוה קויתי יהוה
ויט אלי וישמע שועתי:
3 ויעלני מבור ׳שאון׳ מטיט היון
ויקם על סלע רגלי כונן אשרי:
4 ויתן בפי שיר חדש
תהלה לאלהינו
׳יראו רבים וייראו
ויבטחו ביהוה:

ה אשרי הגבר אשר שם יהוה מבטחו
ולא פנה אל ׳רהבים ושטי כזב׳:
6 רבות עשית אתה יהוה[β] אלינו
אין ערך אליך
אגידה ואדברה
עצמו מספר:
7 זבח ומנחה לא חפצת []
עולה וחטאה לא שאלת:
8 ‹› ׳[אזנים כרית לי]׳
במגלת ספר כתוב עלי:
9 לעשות רצונך אלהי חפצתי
ותורתך בתוך מעי:
י בשרתי צדק בקהל רב
הנה שפתי לא אכלא
יהוה אתה ידעת:

40,11 צדקתך לא כסיתי בתוך לבי
אמונתך ותשועתך אמרתי
לא כחדתי חסדך ואמתך לקהל רב:
12 אתה יהוה לא תכלא רחמיך ממני
חסדך ואמתך תמיד יצרוני:

13 כי אפפו עלי רעות עד אין מספר
השיגוני עונתי
ולא יכלתי לראות
עצמו משערות ראשי
ולבי עזבני:
14 רצה יהוה להצילני
יהוה לעזרתי חושה:
טו יבשו ויחפרו יחד
מבקשי נפשי לספותה
יסגו אחור ויכלמו
חפצי רעתי:
16 ישמו על עקב בשתם
האמרים לי האח האח:
17 ישישו וישמחו בך כל מבקשיך
יאמרו תמיד יגדל יהוה אהבי תשועתך:
18 ואני עני ואביון
אדני יחשב לי
עזרתי ומפלטי אתה
אלהי אל תאחר:

41,א למנצח מזמור לדוד:
2 אשרי ׳משכיל אל דל׳
ביום רעה ימלטהו יהוה:
3 יהוה ישמרהו ויחיהו
יאשר בארץ
ואל תתנהו בנפש איביו:
4 יהוה יסעדנו על ערש דוי
כל משכבו הפכת בחליו:

ה אני אמרתי יהוה חנני
רפאה נפשי כי חטאתי לך:
6 אויבי יאמרו רע לי
מתי ימות ואבד שמו:
7 ואם בא לראות שוא ידבר
לבו יקבץ און לו
יצא לחוץ ידבר:
8 יחד עלי יתלחשו כל שנאי

(α) 39,י נאלמתי לא אפתח פי כי אתה עשית:
(β) 40,6 אלהי נפלאתיך ומחשבתיך

41 עלי יחשבו רעה לי:
9 דבר בליעל יצוק בו
ואשר שכב לא יוסיף לקום:
י גם איש שלומי אשר בטחתי בו
אוכל לחמי הגדיל עלי עקב:

41,11 ואתה יהוה חנני והקימני
ואשלמה להם:
12 בזאת ידעתי כי חפצת בי
כי לא יריע איבי עלי:
13 ואני בתמי תמכת בי
ותציבני לפניך לעולם:

14 ברוך יהוה אלהי ישראל מהעולם ועד העולם אמן ואמן:

ספר שני

א,**42** למנצח משׂכיל לבני קרח:
2 כא·יל·ת· תערג על אפיקי מים
כן נפשי תערג אליך אלהים:
3 צמאה נפשי לאלהים לאל חי
מתי אבוא ו·אֶרְ·אה פני אלהים:
4 היתה לי דמעתי לחם יומם ולילה
באמר אלי כל היום איה אלהיך:
ה אלה אזכרה ואשפכה עלי נפשי
כי אעבר . . . . עד בית אלהים
בקול רנה ותודה המון חוגג:
6 מה תשתוחחי נפשי ותהמי עלי
הוחִלי לאלהים כי עוד אודנו
ישועות פנ·י ו·אלהי·:·

7 עלי נפשי תשתוחח על כן אזכרך
מארץ ירדן וחרמונים ·הר מִצְער:
8 תהום אל תהום קורא לקול צנוריך
כל משבריך וגליך עלי עברו:[a]
י אומרה לאל סלעי למה שכחתני
למה קדר אלך בלחץ אויב:
11 ·כ·ר·קב· בעצמותי חֵרפוני צוררי
באמרם אלי כל היום איה אלהיך:
12 מה תשתוחחי נפשי ומה תהמי עלי
הוחילי לאלהים כי עוד אודנו
ישועֹת פני ואלהי:

א,**43** שפטֵני אלהים וריבה ריבי מגוי לא חסיד

(a) 42,9 יומם יצוה יהוה חסדו ובלילה שירה עמי
תפלה לאל חיי:

43 מאיש מרמה ועֹולה תפלטני:
2 כי אתה אלהי מעֻזי למה זנחתני
למה קדר אתהלך בלחץ אויב:
3 שלח אורך ואמתך המה ינחוני
יביאוני אל הר קדשך ואל משכנותיך:
4 ואבואה אל מזבח אלהים אל אל שמחת
ואודך בכנור אלהים אלהי: [גילי
ה מה תשתוחחי נפשי ומה תהמי עלי
הוחילי לאלהים כי עוד אודנו
ישועֹת פני ואלהי:

א,**44** למנצח לבני קרח משׂכיל:
2 אלהים באזנינו שמענו
אבותינו ספרו לנו
פעל פעלת בימיהם
בימי קדם:
3 אתה ידך גוים הורשת ותטעם
תָ·רֹעַ· לאֻמים ותשלחם:
4 כי לא בחרבם ירשו ארץ
וזרועם לא הושיעה למו
כי ימינך וזרועך ואור פניך
כי רציתם:
ה אתה הוא מלכי אלהים
·מ·צַוה ישועות יעקב:
6 בך צרינו ננַגח
בשמך נבום קמינו:
7 כי לא בקשתי אבטח
וחרבי לא תושיעני:
8 כי הושעתנו מצרינו

44 ומשנאינו הבישות:
9 באלהים הללנו כל היום
ושמך לעולם נודה סלה:

י אף זנחת ותכלימנו
ולא תצא בצבאותינו:
11 תשיבנו אחור מני צר
ומשנאינו שסו למו:
12 תתננו כצאן מאכל
ובגוים זריתנו:
13 תמכר עמך בלא הון
ולא רבית במחיריהם:
14 תשימנו חרפה לשכנינו
לעג וקלס לסביבותינו:
טו תשימנו משל בגוים
מנוד ראש בלאמים:
16 כל היום כלמתי נגדי
ובשת פני כסתני:
17 מקול מחרף ומגדף
מפני אויב ומתנקם:

18 כל זאת באתנו ולא שכחנוך
ולא שקרנו בבריתך:
19 לא נסוג אחור לבנו
ותט אשרנו מני ארחך:
כ כי דכיתנו במקום ....
ותכס עלינו בצלמות:
21 אם שכחנו שם אלהינו
ונפרש כפינו לאל זר:
22 הלא אלהים יחקר זאת
כי הוא ידע תעלמות לב:
23 כי עליך הרגנו כל היום
נחשבנו כצאן טבחה:

24 עורה למה תישן אדני
הקיצה אל תזנח לנצח:
כה למה פניך תסתיר
תשכח עננו ולחצנו:
26 כי שחה לעפר נפשנו
דבקה לארץ בטננו:
27 קומה עזרתה לנו
ופדנו למען חסדך:

45 א למנצח על ששנים לבני קרח משכיל
שיר ידידת:
2 רחש לבי דבר טוב
אמר אני מעשי למלך
לשוני עט סופר מהיר:
3 ‹יפית מבני אדם
הוצק חן בשפתותיך
על כן ברכך אלהים לעולם:
4 חגור חרבך על ירך גבור
הודך והדרך:ª
ה צלח רכב על דבר אמת ו.... צדק
ותורך נוראות ימינך:
6 חציך שנונים [] בלב אויבי המלך
‹[עמים תחתך יפלו]›:
7 כסאך ‹יהיה› עולם ועד
שבט מישר שבט מלכותך:
8 אהבת צדק ותשנא רשע
על כן משחך אלהים אלהיך
שמן ששון מחברך:
9 מר ואהלות קציעות כל בגדתיך
מן היכלי שן מנ‹י›ם› שמחוך:
י בנות מלכים ביקרותיך
נצבה שגל לימינך בכתם אופיר:

11 שמעי בת וראי והטי אזנך
ושכחי עמך ובית אביך:
12 ויתאו המלך יפיך
כי הוא אדניך והשתחוי לו:
13 * * * * * * * * * * * ובת צר
במנחה פניך יחלו עשירי עם:
14 כל כבודה בת מלך
פנינים› ×משבצות זהב לבושה:
טו לרקמות תובל למלך
בתולות אחריה רעותיה מב‹י›אות ל‹ה›:
16 תובלנה בשמחת וגיל
תבאינה בהיכל מלך:

17 תחת אבתיך יהיו בניך
תשיתמו לשרים בכל הארץ:
18 אזכירה שמך בכל דר ודר
על כן עמים יהודוך לעלם ועד:

(ª) ה.45 והדרך

46,א למנצח לבני קרח על עלמות שיר:

2 אלהים לנו מחסה ועז
עזרה בצרות נמצא מאד:
3 על כן לא נירא בהמיר ארץ
ובמוט הרים בלב ימים:
4 יהמו יחמרו מימיו
ירעשו הרים בגאותו סלה:
יהוה צבאות עמנו
משגב לנו אלהי יעקב:

ה נהר פלגיו ישמחו עיר אלהים
עליון יקדש משכנו:
6 אלהים בקרבה בל תמוט
יעזרה אלהים לפנות בקר:
7 המו גוים מטו ממלכות
נתן בקולו תמוג ארץ:
8 יהוה צבאות עמנו
משגב לנו אלהי יעקב סלה:

9 לכו חזו מפעלות יהוה
אשר שם שמות בארץ:
י משבית מלחמות עד קצה הארץ
קשת ישבר וקצץ חנית
עגלות ישרף באש:
11 הרפו ודעו כי אנכי אלהים
ארום בגוים ארום בארץ:
12 יהוה צבאות עמנו
משגב לנו אלהי יעקב סלה:

47,א למנצח לבני קרח מזמור:

2 כל העמים תקעו כף
הריעו לאלהים בקול רנה:
3 כי יהוה עליון נורא
מלך גדול על כל הארץ:
4 ידבר עמים תחתינו
ולאמים תחת רגלינו:
ה יבחר לנו את נחלתנו
את גאון יעקב אשר אהב סלה:
6 עלה אלהים בתרועה
יהוה בקול שופר:

7 זמרו אלהים זמרו
זמרו למלכנו זמרו:
47,8 כי מלך כל הארץ אלהים
זמרו משכיל:
9 מלך אלהים על גוים
אלהים ישב על כסא קדשו:
י נדיבי עמים נאספו עם אלהי אברהם
כי לאלהים מגני ארץ
מאד נעלה:

48,א שיר מזמור לבני קרח:

2 גדול יהוה ומהלל מאד
בעיר אלהינו הר קדשו:
3 יפה נוף משוש כל הארץ
הר ציון[α] קרית מלך רב:
4 אלהים בארמנותיה
נודע למשגב:
ה כי הנה המלכים נועדו
עברו יחדו:
6 המה ראו כן תמהו
נבהלו נחפזו:
7 רעדה אחזתם שם
חיל כיולדה:
8 ****** ברוח קדים
תשבר אניות תרשיש:

9 כאשר שמענו כן ראינו
בעיר יהוה צבאות בעיר אלהינו
אלהים יכוננה עד עולם סלה:
י דמינו אלהים חסדך
בקרב היכלך:
11 כשמך אלהים כן תהלתך על קצוי ארץ
צדק מלאה ימינך:
12 ישמח הר ציון תגלנה בנות יהודה
למען משפטיך:
13 סבו ציון והקיפוה
ספרו מגדליה:
14 שיתו לבכם לחילה פסגו ארמנותיה
למען תספרו לדור אחרון:
טו כי זה אלהים אלהינו עולם ועד
הוא ינהגנו[β]:

(α) 48.3 ירכתי צפון
(β) טו על מות

א.49 למנצח לבני קרח מזמור:
2 שמעו זאת כל העמים
האזינו כל ישבי חלד:
3 גם בני אדם גם בני איש
יחד עשיר ואביון:
4 פי ידבר חכמות
והגות לבו תבונות:
ה אטה למשל אזני
אפתח בכנור חידתי:

6 למה אירא בימי רע
עון עקבי יסובני:
7 הבטחים על חילם
וברב עשרם יתהללו:
8 אך לא פדה יפדה איש
לא יתן לאלהים כפרו:[γ]
9 ויקר פדיון נפשו וחדל לעולם:
11 כי .... חכמים ימותו
יחד כסיל ובער יאבדו
ועזבו לאחרים חילם:
12 קברים בתימו לעולם
משכנתם לדור ודר
קראו בשמותם עלי אדמות:
13 ואדם ביקר בל ילין
נמשל כבהמות נדמו:

14 זה דרכם כסל למו
ואחריתם בפיהם ירצו סלה:
טו כצאן לשאול שתו מות ירעם[β]
לבקר וצורם לבלות
שאול מזבל למו:
16 אך אלהים יפדה נפשי
מיד שאול כי יקחני סלה:
17 אל תירא כי יעשר איש
כי ירבה כבוד ביתו:
18 כי לא במותו יקח הכל
לא ירד אחריו כבודו:
19 כי נפשו בחייו יברך
ויודך כי תיטיב לך:
כ תבוא עד דור אבותיך
49 עד נצח לא יראו אור:
21 אדם ביקרו לא ילין
נמשל כבהמות נדמו:

א.50 מזמור לאסף
אל אלהים יהוה דבר
ויתירא ארץ ממזרח שמש עד מבאה:
2 מציון מכלל יפי אלהים הופיע |
3 [α]אש לפניו תאכל
וסביביו נשערה מאד:
4 יקרא אל השמים ממעל
ואל הארץ לדין עמו:
ה אספו לי חסידי
כרתי בריתי עלי זבח:
6 ויגידו שמים צדקו
כי אלהים שפט הוא סלה:

7 שמעה עמי ואדברה
ישראל ואעידה בך
אלהים אלהיך אנכי:
8 לא על זבחיך אוכיחך
ועולתיך לנגדי תמיד:
9 לא אקח מביתך פר
ממכלאתיך עתודים:
י כי לי כל חיתו יער
בהמות בהררי אלף:
11 ידעתי כל עוף הרים
וזיז שדי עמדי:
12 אם ארעב לא אמר לך
כי לי תבל ומלאה:
13 האוכל בשר אבירים
ודם עתודים אשתה:
14 זבח לאלהים תודה
ושלם לעליון נדריך:
טו וקראני ביום צרה
אחלצך ותכבדני:

16 ולרשע אמר אלהים
מה לך לספר חקי
ותשא בריתי עלי פיך:
17 ואתה שנאת מוסר

(γ) 49.י ויחי עוד לנצח לא יראה השחת:
(β) טו וירדו בם ישרים

(α) 50.3 יבא אלהינו ואל יחרש

50 ותשלך דברי אחריך:
18 אם ראית גנב ותרץ עמו
ועם מנאפים חלקך:
19 פיך שלחת ברעה
ולשונך תצמיד מרמה:
כ תשב באחיך תדבר
בבן אמך תתן דפי:
21 אלה עשית והחרשתי
דמית היות אהיה כמוך
אוכיחך ואערכה לעיניך:
22 בינו נא זאת שכחי אלוה
פן אטרף ואין מציל:
23 זבח תודה יכבדנני
ושלם ידריו אראנו בישע אלהים:

51,2.א למנצח מזמור לדוד: בבוא אליו
נתן הנביא כאשר בא אל בת שבע:
3 חנני אלהים כחסדך
כרב רחמיך מחה פשעי:
4 הרבה כבסני מעוני
ומחטאתי טהרני:
ה כי פשעי אני ארע
וחטאתי נגדי תמיד:
6 לך לבדך חטאתי
והרע בעיניך עשיתי
למען תצדק בדברך
תזכה בשפטך:
7 הן בעוון חוללתי
ובחטא יחמתני אמי:

8 הן אמת חפצת בטחות
ובסתם חכמה תודיעני:
9 תחטאני באזוב ואטהר
תכבסני ומשלג אלבין:
י תשמיעני ששון ושמחה
תגלנה עצמות דכית:
11 הסתר פניך מחטאי
וכל עונתי מחה:
12 לב טהור ברא לי אלהים
ורוח נכון חדש בקרבי:
13 אל תשליכני מלפניך
ורוח קדשך אל תקח ממני:
14 השיבה לי ששון ישעך

51 ורוח נדיבה תסמכני:
טו אלמדה פשעים דרכיך
וחטאים אליך ישובו:
16 הצילני מדמים אלהים אלהי תשועתי
תרנן לשוני צדקתך:
17 אדני שפתי תפתח
ופי יגיד תהלתך:
18 כי לא תחפץ זבח ואתנה
עולה לא תרצה:
19 זבחי אלהים רוח נשברה
לב נשבר ונדכה אלהים לא תבזה:
כ היטיבה ברצונך את ציון
תבנה חומות ירושלם:
21 אז תחפץ זבחי צדק עולה וכליל
אז יעלו על מזבחך פרים:

52,2.א למנצח משכיל לדוד: בבוא דואג
האדמי ויגד לשאול ויאמר לו בא דוד
אל בית אחימלך:
3 מה תתהלל ברעה הגבור
על חסד כל היום:
4 הוות תחשב לשונך
כתער מלטש עשה רמיה:
ה אהבת רע מטוב
שקר מדבר צדק סלה:
6 אהבת כל דברי בלע
לשון מרמה:
7 גם אל יתצך לנצח
יחתך ויסחך מאהל
ושרשך מארץ חיים סלה:
8 ויראו צדיקים וייראו
ועליו ישחקו:
9 הנה הגבר לא ישים אלהים מעוזו
ויבטח ברב עשרו יעז בהותו:
י ואני כזית רענן בבית אלהים
בטחתי בחסד אלהים עולם ועד:
11 אודך לעולם כי עשית
ואקוה שמך כי טוב נגד חסידיך:

53,א למנצח על מחלת משכיל לדוד:
2 אמר נבל בלבו אין אלהים
השחיתו והתעיבו עול

53 אין עשה טוב:
3 אלהים משמים
השקיף על בני אדם
לראות הֲיש משכיל
דרש את אלהים:
4 כלו סג יחדו נאלחו
אין עשה טוב אין גם אחד:
ה הלא ידעו פעלֵי אָון
אכלי עמי אכ׳ו״ל׳ לחם
אלהים לא קראו:
6 שם פחדו פחד
לא היה פחד
כי אלהים ׳פזר עצמות ׳חָ׳נ׳ף׳
הבישת׳ם׳ כי אלהים ׳מאסם׳:
7 מי יתן מציון יְשֻׁעות ישראל
בשוב אלהים שבות עמו
יגֵל יעקב ישמח ישראל:

54,א למנצח בנגינת משכיל לדוד:
2 בבוא הזיפים ויאמרו לשאול
הלא דוד מסתתר עמנו:
3 אלהים בשמך הושיעני
ובגבורתך תדינני:
4 אלהים שמע תפלתי
האזינה לאמרי פי:
ה כי זרים קמו עלי
ועריצים בִּקשו נפשי
לא שמו אלהים לנגדם סלה:
6 הנה אלהים עֹזר לי
אדני בסמכי נפשי:
7 ישוב הרע לשררי
באמתך הצמיתֵם:
8 בנדָבה אזבחה לך
אודה שמך יהוה כי טוב:
9 כי מכל צרה הצילני
ובאיבי ראתה עיני:

55,א למנצח בנגינת משכיל לדוד:
2 האזינה אלהים תפלתי
ואל תתעלם מתחִנתי:
3 הקשיבה לי ועני
׳אריד׳ בשיחי ואה׳מ׳י׳ה:

55,4 מקול אויב מפני ׳צ׳עקת רשע
כי ימיטו עלי אָון
ובאף ישטמוני:
ה לבי יחיל בקרבי
ואימות מות נפלו עלי:
6 יראה ורעד יבא בי
ותכסני פלָצות:
7 ואמר מי יתן לי אֵבר כיונה
אעופה ואשכנה:
8 הנה ארחיק נדד
אלין במדבר סלה:
9 אחישה מִפלט לי
מרוח סעה מסער:

י בלַע אדני פַּלַג לשונם
כי ראית׳ חמס וריב בעיר:
11 יומם ולילה . . . .
ואון ועמל בקרבה:
12 הַוות בקרבה
ולא ימיש מרחבה תוך ומרמה:
13 כי לא אויב׳ ׳יְחרפני ואשא
לא משַׂנאי עלי הגדיל ואסתר ממנו:
14 ואתה אנוש כערכי
אלופי ומְיֻדעי:
טו אשר יחדו נמתיק סוד
בבית אלהים נהלך ברגש:
16 ׳ישימות׳ עלימו
ירדו שאול חיים
כי רעות במגורם׳:

17 אני אל אלהים אקרא
ויהוה יושיעני:
18 ערב ובקר וצהרים אשיחה ואהמה
וישמע קולי:
19 ׳׳פדה בשלום נפשי מקרב לי
כי ברבים היו ׳עִמָּדִי׳:
כ ישמע אל ויענמ׳ו ׳ישב קדם סלה
אשר אין . . . . . למו
ולא יראו אלהים:[β]
22 חלק׳ מחמא׳ה׳ פיו וקרב לבו

(α) 55,16 בקרבם

(β) 21 שלח ידיו בשלמיו חלל בריתו:

55 רפו דבריו משמן והמה פתחות:
23 השלך על יהוה יהבך והוא יכלכלך
לא יתן לעולם מוט לצדיק:
24 ואתה אלהים תורדם לבאר שחת
אנשי דמים ומרמה לא יחצו ימיהם
ואני אבטח בך:

56,א למנצח על יונת אים רחקים
לדוד מכתם באחז אתו פלשתים בגת:
2 חנני אלהים כי שאפני אנוש
כל היום לחם ילחצני:
3 שאפו שוררי כל היום
כי רבים לחמים לי מרום:
4 יום אירא
אני אליך אבטח:
ה באלהים אהלל דברו
באלהים בטחתי לא אירא
מה יעשה בשר לי:

6 כל היום דברי יעצבו
עלי כל מחשבתם לרע:
7 יגורו יצפינו
המה עקבי ישמרו
כאשר קוו נפשי:
8 על און פלס למו
באף עמים הורד אלהים:
9 . . . ספרתה אתה
שימה דמעתי בנאדך[α]:
י אז ישובו אויבי אחור ביום אקרא
זה ידעתי כי אלהים לי:
11 באלהים אהלל דבר[β]:
12 באלהים בטחתי לא אירא
מה יעשה אדם לי:

13 עלי אלהים נדריך
אשלם תודות לך:
14 כי הצלת נפשי ממות
הלא רגלי מדחי
להתהלך לפני אלהים
באור החיים:

57,א למנצח אל תשחת לדוד מכתם
בברחו מפני שאול במערה:
2 חנני אלהים חנני
כי בך חסיה נפשי
ובצל כנפיך אחסה
עד יעבר הוות:
3 אקרא לאלהים עליון
לאל גמר עלי:
4 ישלח משמים ויושיעני [] סלה
ישלח אלהים חסדו ואמתו:
ה [תחנף שאף] נפשי
בתוך לבאם אשכבה . . . . . .
בני אדם שניהם חנית וחצים
ולשונם חרב חדה:
6 רומה על השמים אלהים
על כל הארץ כבודך:

7 רשת הכינו לפעמי
כפף נפשי
כרו לפני שיחה
נפלו בתוכה סלה:
8 נכון לבי אלהים נכון לבי
אשירה ואזמרה:
9 עורה כבודי עורה הנבל וכנור
אעירה שחר:
י אודך בעמים אדני
אזמרך בלאמים:
11 כי גדל עד שמים חסדך
ועד שחקים אמתך:
12 רומה על שמים אלהים
על כל הארץ כבודך:

58,א למנצח אל תשחת לדוד מכתם:
2 האמנם אלים צדק תדברון
מישרים תשפטו בני אדם:
3 אף בלבכם עולת תפעלון בארץ
חמס ידיכם תפלסון:
4 זרו רשעים מרחם
תעו מבטן דברי כזב:
ה חמת למו כדמות חמת נחש
כמו פתן חרש יאטם אזנו:
6 אשר לא ישמע לקול מלחשים
חובר חברים מחכם:

(α) 56,9 הלא בספרתך
(β) 11 ביהוה אהלל דבר

58,7 אלהים הרס שנימו בפימו
מלתעות כפירים נתץ יהוה:
8 ימאסו כמו מים
יתהלכו כמו . . . .
כמו חציר יתמללו:
9 כמו שבלול . . . .
נפל אשת בל חזו שמש:
י בטרם יבינו סירתיכם אטד
כמו חי כמו חרון ישערנו:

11 ישמח צדיק כי חזה נקם
פעמיו ירחץ בדם הרשע:
12 ויאמר אדם אך פרי לצדיק
אך יש אלהים שפטים בארץ:

59,א למנצח אל תשחת לדוד מכתם
בשלח שאול וישמרו את הבית להמיתו:
2 הצילני מאיבי אלהי
ממתקוממי תשגבני:
3 הצילני מפעלי און
ומאנשי דמים הושיעני:
4 כי הנה ארבו לנפשי
יגורו עלי עזים
לא פשעי ולא חטאתי יהוה:
ה בלי עוני ירצון ויכוננו
עורה לקראתי וראה:
6 ואתה יהוה אלהים צבאות אלהי ישראל
הקיצה לפקד כל הגוים
אל תחן כל בגדי און סלה:

7 ישובו לערב יהמו ככלב
ויסובבו עיר:
8 הנה יפצו בפיהם
חרפות בשפתותיהם
כי מי שמע:
9 ואתה יהוה תשחק למו
תלעג לכל גוים:
עזי אליך אשמרה
כי אלהים משגבי | אלהי חסדי:

11 יקדמני אלהים
יראני בשררי:
12 אל תהרג פן תשכח עמי

59 הכניעמו בחילך והורידמו
מגננו אדני:
13 חטאת פימו דבר שפתימו
ילכדו בגאונימו
מאלה ומכחש יספרו:
14 כלה בחמה כלה ואינמו
וידעו כי אלהים משל ביעקב לאפסי
הארץ סלה:

טו ישבו לערב יהמו ככלב
ויסובבו עיר:
16 המה ינועון לאכל
אם לא ישבעו וילינו:
17 ואני אשיר עזך
וארנן לבקר חסדך:
כי היית משגב לי
ומנוס ביום צר לי:
18 עזי אליך אשמרה
כי אלהים משגבי אלהי חסדי:

60,א למנצח על שושן עדות מכתם לדוד
2 ללמד: בהצותו את ארם נהרים ואת
ארם צובה וישב יואב ויך את אדום
בגיא מלח שנים עשר אלף:
3 אלהים זנחתנו פרצתנו
אנפת תשובב לנו:
4 הרעשתה ארץ פצמתה
רפה שבריה כי מטה:
ה הראית עמך קשה
השקיתנו יין תרעלה:
6 נתתה ליראיך נס
להתנוסס מפני קשט סלה:

7 למען יחלצון ידידיך
הושיעה ימינך ועננו:
8 אלהים דבר בקדשו
אעלזה אחלקה שכם
ועמק סכות אמדד:
9 לי גלעד ולי מנשה
ואפרים מעוז ראשי
יהודה מחקקי:
י מואב סיר רחצי
על אדום אשליך נעלי

60 עלי פלשת ‹א›תרועע‹›:

11 מי יובילני ע‹ד› מצור
מי נחני עד אדום:
12 הלא אתה אלהים זנחתנו
ולא תצא אלהים בצבאותינו:
13 הבה לנו עזרת מצר
ושוא תשועת אדם:
14 באלהים נעשה חיל
והוא יבוס צרינו:

61,א למנצח על נגינת לדוד:
2 שמעה אלהים רנתי
הקשיבה תפלתי:
3 מקצה הארץ אליך אקרא בעטף לבי
בצור ירום ממני תנחני:
4 כי היית מחסה לי
מגדל עז מפני אויב:
ה אגורה באהלך עולמים
אחסה בסתר כנפיך סלה:

6 כי אתה אלהים שמעת לנדרי
נתת ירשת יראי שמך:
7 ימים על ימי מלך תוסיף
שנותיו כמו דר ודר:
8 ישב עולם לפני אלהים
חסד ואמת מן ינצרהו:
9 כן אזמרה שמך לעד
לשלמי נדרי יום יום:

62,א למנצח על ידיתון מזמור לדוד:
2 אך אל אלהים דו‹מי›ה נפשי
ממנו ‹תקו›תי:
3 אך הוא צורי וישועתי
משגבי לא אמוט ‹›:
4 עד אנה ‹תהותתו› על איש
תר‹צ›צוה‹ו› כלכם
בקיר נטוי גדר‹ה› ‹דחוי›ה:
ה אך משאתו יעצו להדי‹ח›‹ו›
ירצו כזב
בפי‹מ›ו יברכו
ובקרבם יקללו סלה:

62,6 אך לאלהים דמי נפשי
כי ממנו תקותי:
7 אך הוא צורי וישועתי
משגבי לא אמוט:
8 על אלהים ישעי וכבודי
צור עזי מחסי באלהים:
9 בטחו בו בכל עת עם
שפכו לפניו לבבכם
אלהים מחסה לנו סלה:

י אך הבל בני אדם כזב בני איש
במאזנים לעלות המה מהבל יחד:
11 אל תבטחו בעשק ובגזל אל תהבלו
חיל כי ינוב אל תשיתו לב:
12 אחת דבר אלהים
שתים זו שמעתי‹›:
13 כי עז לאלהים ׀ ולך אדני חסד
כי אתה תשלם לאיש כמעשהו:

63,א מזמור לדוד בהיותו במדבר יהודה:
2 אלהים אלי אתה אשחרך
צמאה לך נפשי כמה לך בשרי
בארץ ציה ועיף בלי מים:
3 כן בקדש חזיתך
לראות עזך וכבודך:
4 כי טוב חסדך מחיים
שפתי ישבחונך:
ה כן אברכך בחיי
בשמך אשא כפי:
6 כמו חלב ודשן תשבע נפשי
ושפתי רננות יהלל פי:
7 .. זכרתיך על יצועי
באשמרות אהגה בך:
8 כי היית עזרתה לי
ובצל כנפיך ארנן:
9 דבקה נפשי אחריך
בי תמכה ימינך:
י והמה לשואה יבקשו נפשי
יבאו בתחתיות הארץ:
11 ...... על ידי חרב
מנת שעלים יהיו:
12 והמלך ישמח באלהים
יתהלל כל הנשבע בו

63 כי יסכר פי דוברי שקר׃

64,א למנצח מזמור לדוד׃
2 שמע אלהים קולי בשיחי
מפחד אויב תצר חיי׃
3 תסתירני מסוד מרעים
מרגשת פעלי און׃
4 אשר שננו כחרב לשונם
דרכו חצם דבר מר׃
ה לירות במסתרים תם
פתאם ירהו ולא ייראו׃
6 יחזקו למו דבר רע
יספרו לטמון מוקשים
אמרו מי יראה למו׃
7 יחפשו ׳עולתם׳ חפש מחפש
וקרב איש ולב עמק׃

8 וירם אלהים חץ
פתאום היו מכתם׃
9 ׳ויכשילהו עלימו לשונם׳
יתנודדו כל ראה בם׃
י וייראו כל אדם ויגידו פעל אלהים
ומעשהו השכילו׃
11 ישמח צדיק ביהוה וחסה בו
ויתהללו כל ישרי לב׃

65,א למנצח מזמור לדוד שיר׃
2 לך ׳דמיה׳ תהלה אלהים בציון
ולך ישלם נדר׃
3 שמע תפלה
עדיך כל בשר יבאו׃
4 דברי עונת גברו מני
פשעינו אתה תכפרם׃
ה אשרי תבחר ותקרב ישכן חצריך
נשבעה בטוב ביתך קדש היכלך׃

6 נוראות בצדק תעננו אלהי ישענו
מבטח כל קצוי ארץ ׳ו׳ים רחקים׃
7 מכין הרים בכחו
נאזר בגבורה׃
8 משביח שאון ימים
שאון גליהם והמון לאמים׃

65,9 וייראו ישבי קצות מאותתיך
מוצאי בקר וערב תרנין׃

י פקדת הארץ ותשקקה רבת תעשרנה
פלג אלהים מלא מים
תכין דגנם כי כן תכינה׃
11 תלמיה רוה נחת גדודה
ברביבים תמוגגנה צמחה תברך׃
12 עטרת שנת טובתך
ומעגליך ירעפון דשן׃
13 ירעפו נאות מדבר
וגיל גבעות תחגרנה׃
14 לבשו כרים הצאן
ועמקים יעטפו בר
יתרועעו אף ישירו׃

66,א למנצח שיר מזמור
הריעו לאלהים כל הארץ׃
2 זמרו כבוד שמו
שימו כבוד תהלתו׃
3 אמרו לאלהים מה נורא מעשיך
ברב עזך יכחשו לך איביך׃
4 כל הארץ ישתחוו לך ויזמרו לך
יזמרו שמך סלה׃

ה לכו וראו מפעלות אלהים
נורא עלילה על בני אדם׃
6 הפך ים ליבשה
בנהר יעברו ברגל
שם נשמחה בו׃
7 משל בגבורתו עולם
עיניו בגוים תצפינה
הסוררים אל ירימו למו סלה׃

8 ברכו עמים אלהינו
והשמיעו קול תהלתו׃
9 השם נפשנו בחיים
ולא נתן למוט רגלנו׃
י כי בחנתנו אלהים
צרפתנו כצרף כסף׃
11 הבאתנו ׳במצודה׳
שמת ׳מועקה׳ במתנינו׃
12 הרכבת אנוש לראשנו

66 באנו באש ובמים
ותוציאנו לרוחה:

13 אבוא ביתך בעולות
אשלם לך נדרי:
14 אשר פצו שפתי
ודבר פי בצר לי:
טו עלות מיחים אעלה לך עם קטרת אילים
אעשה בקר עם עתודים סלה:

16 לכו שמעו ואספרה כל יראי אלהים
אשר עשה לנפשי:
17 אליו פי קראתי
ורוממתי מתחת לשונאי:
18 און אם ראיתי בלבי
לא ישמע אדני:
19 אכן שמע אלהים
הקשיב בקול תפלתי:
כ ברוך אלהים
אשר לא הסיר תפלתי וחסדו מאתי:

67,א למנצח בנגינת מזמור שיר:
2 אלהים יחננו ויברכנו
יאר פניו אתנו סלה:
3 לדעת בארץ דרכך
בכל גוים ישועתך:
4 יודוך עמים אלהים
יודוך עמים כלם:
ה ישמחו וירננו לאמים
כי תשפט עמים מישר
ולאמים בארץ תנחם סלה:
6 יודוך עמים אלהים
יודוך עמים כלם:
7 ארץ נתנה יבולה
יברכנו אלהים אלהינו:
8 יברכנו אלהים
וייראו אותו כל אפסי ארץ:

68,א למנצח לדוד מזמור שיר:
2 יקום אלהים יפוצו אויביו
וינוסו משנאיו מפניו:
3 כהנדף עשן ....

68 כהמס דונג מפני אש
יאבדו רשעים מפני אלהים:
4 וצדיקים ישמחו יעלצו לפני אלהים
וישישו בשמחה:
ה שירו לאלהים זמרו שמו
סלו לרכב בערבות
ביה שמו ועלזו לפניו:
6 אבי יתומים ודין אלמנות
אלהים במעון קדשו:
7 אלהים מושיב יחידים ביתה
מוציא אסירים בכושרות
אך סוררים שכנו צחיחה:

8 אלהים בצאתך לפני עמך
בצעדך בישימון סלה:
9 ארץ רעשה אף שמים נטפו מפני אלהים
זה סיני מפני אלהים אלהי ישראל:
י גשם נדבות תניף אלהים נחלתך
ונלאה אתה כוננתה:
11 חיתך ישבו בה
תכין בטובתך לעני אלהים:
12 אדני יתן אמר
המבשרות צבא רב:
13 מלכי צבאות ידדון ידדון
ונות בית תחלק שלל:*
14 כנפי יונה נחפה בכסף
ואברותיה בירקרק חרוץ:
טו בפרש שדי מלכים
בהכשלם בצלמות:

16 הר אלהים הר בשן
הר גבננים הר בשן:
17 למה תרצדון הרים גבננים
ההר חמד אלהים לשבתו
אף יהוה ישכן לנצח:
18 רכב אלהים רבתים אלפי שנאן
אדני בא מסיני בקדש:
19 עלית למרום שבית שבי
לקחת מתנות באדם
אך סוררים לא שכנו יה אלהים:

כ ברוך אדני יום יום

(*) 68,14 אם תשכבון בין שפתים

68 יעמם לנו האל ישועתנו סלה:
21 האל לנו אל ‹מושעות
וליהוה אדני למות תוצאות:
22 אך אלהים ימחץ ראש איביו
קדקד שֵׂעָר מתהלך באשמיו:
23 אמר אדני מבשן אשיב
אשיב ממצֻלות ים:
24 למען ת‹ר›חץ רגלך בדם
לשון כלביך מאויבים מנ‹ת›ו:

כה ‹רְ›או הליכות‹› אלהים
הליכות אלי מלכי בקדש:
26 קדמו שרים אחר נֹגנים
בתוך עלמות תופֵפות:
27 במקהֲלות ברכו אלהים
‹אדני› ממקור ישראל:
28 שם בנימן צעיר ‹רדם›
שרי יהודה ‹רִגמתם›
שרי זבלון שרי נפתלי:

29 ‹צַוֵּה› אלה‹י›ם› עֻזך
עו‹ז›ת› אלהים זו פעלת לנו:
ל * * * * מהיכלך על ירושלם
לך יובילו מלכים שי:
31 גער ח‹י›ת קנה
עדת אבירים בעגלי עמים
‹ה›תרפס ב‹ר›צֵי כ‹ז›ב›
‹בַ›זּר עמים קרבות יחפצו:
32 יאתיו חשמנים מני מצרים
כוש תר‹י›ם› ידי‹ה› לאלהים:
33 ממלכות הארץ שירו לאלהים
זמרו אדני‹›:
34 ‹סלו› | לרכב ‹בשמי› שמי קדם
הן יתן בקולו קול עז:
לה תנו עז לאלהים
על ישראל גאֲותו
ועֻזו בשחקים:
36 נורא אלהים ‹ממקדשיך›
אל ישראל
הוא נתן עז ותעצֻמות לעם
ברוך אלהים:

69,א למנצח על שושנים לדוד:

69,2 הושיעני אלהים
כי באו מים עד נפש:
3 טבעתי בִּיוַן מצולה ואין מָעֳמד
באתי במעמקי מים ושבֹלת שטפתני:
4 יגעתי בקראי נִחר גרוני
כלו עיני ‹מְיַ›חל לאלהי:
ה רבו משערות ראשי שנאי חנם
עצמו מצמיתי‹י› שקר
אשר לא גזלתי אז אשיב:
6 אלהים אתה ידעת לאִוַּלתי
ואשמותי ממך לא נכחדו:
7 אל יֵבשו בי קויך אדני יהוה צבאות
אל יכלמו בי מבַקשיך אלהי ישראל:

8 כי עליך נשאתי חרפה
כסתה כלִמה פני:
9 מוזר הייתי לאחי
ונכרי לבני אמי:
י כי קִנאת ביתך אכלתני
וחֶרְפות חורפיך נפלו עלי:
11 וא‹ענ›ה בצום נפשי
ותהי לחרפות לי:
12 ואתנה לבושי שק
ואהי להם למָשָׁל:
13 ישיחו בי ישבי שער
ונגינות שותי שֵׁכר:

14 ואני תפלָתי לך יהוה
‹אַ›תְּ רְצֹנְ‹י›› אלהים ברב חסדך
עֲנני באמת ישעך:
טו הצילני מטיט ואל אטבעה
אנצלה משנאי וממעמקי מים:
16 אל תשטפני שבֹלת מים
ואל תבלעני מצולה
ואל תאטר עלי באר פיהָ:
17 עֲנני יהוה ‹כְ›‹טוּב› חסדך
כרב רחמיך פנֵה אלי:
18 ואל תַּסתר פניך מעבדך
כי צר לי מַהר עֲנני:
19 קרבה אל נפשי גאלה
למען איבי פדֵני:

(י) 69,ה איבי

32 תהלים 69,20—71,13

69,כ אתה ידעת חרפתי ובשתי
וכלמתי נגד׳ כל צוררי:
21 חרפה שברה לבי ואנושה
ואקוה לנוד ואין
ולמנחמים ולא מצאתי:
22 ויתנו בברותי ראש
ולצמאי ישקוני חמץ:

23 יהי שלחנם לפניהם לפח
ולשלומים למוקש:
24 תחשכנה עיניהם מראות
ומתניהם תמיד המעד:
כה שפך עליהם זעמך
וחרון אפך ישיגם:
26 תהי טירתם נשמה
באהליהם אל יהי ישב:
27 כי אתה אשר הכית רדפו
ואל מכאוב חלליך ׳ספ׳ו:
28 תנה עון על עונם
ואל יבאו בצדקתך:
29 ימחו מספר חיים
ועם צדיקים אל יכתבו:

ל ואני עני וכואב
ישועתך אלהים תשגבני:
31 אהללה שם אלהים בשיר
ואגדלנו בתודה:
32 ותיטב ליהוה משור
פר מקרן מפרים:
33 ראו ענוים ישמחו
דרשי אלהים ויחי לבבים:
34 כי שמע אל אביונים יהוה
ואת אסיריו לא בזה:
לה יהללוהו שמים וארץ
ימים וכל רמש בם:
36 כי אלהים יושיע ציון
ויבנה ערי יהודה
וישבו שם וירשוה:
37 וזרע עבדיו ינחלוה
ואהבי שמו ישכנו בה:

70,א למנצח לדוד להזכיר:
2 אלהים להצילני
70 יהוה לעזרתי חושה:
3 יבשו ויחפרו מבקשי נפשי
יסגו אחור ויכלמו חפצי רעתי:
4 ישובו על עקב בשתם
האמרים האח האח:
ה ישישו וישמחו בך
כל מבקשיך
ויאמרו תמיד יגדל אלהים
אהבי ישועתך:
6 ואני עני ואביון
אלהים חושה לי
עזרי ומפלטי אתה
יהוה אל תאחר:

71,א בך יהוה חסיתי
אל אבושה לעולם:
2 בצדקתך תצילני ותפלטני
הטה אלי אזנך והושיעני:
3 היה לי לצור מעון ׳לבו׳א ת׳מיד צוית׳
׳הושיעני כי סלעי ומצודתי אתה:
4 אלהי פלטני מיד רשע
מכף מעול וחומץ:
ה כי אתה תקותי אדני יהוה
מבטחי מנעורי:
6 עליך נסמכתי מבטן
ממעי אמי אתה גוזי
בך ת׳ו׳ח׳לתי תמיד:

7 כמופת הייתי לרבים
ואתה מחסי עז:
8 ימלא פי תהלתך
כל היום תפארתך:
9 אל תשליכני לעת זקנה
ככלות כחי אל תעזבני:
י כי אמרו אויבי לי
ושמרי נפשי נועצו יחדו:
11 לאמר אלהים עזבו
רדפו ותפשוהו כי אין מציל:
12 אלהים אל תרחק ממני
אלהי לעזרתי חישה:

13 יבשו יכלו׳ שטני נפשי
יעטו חרפה וכלמה מבקשי רעתי:

71,14 ואני תמיד אַיַחל
והוספתי על כל תהלתך:
טו פי יסַפר צדקתך
כל היום תשועתך
כי לא ידעתי .....:
16 .... ‹אגבֻרות אדני יהוה
אזכיר צדקתך לבַדך:
17 אלהים למדתני מנעורי
ועד הנה אגיד נפלאותיך:
18 וגם עד זִקנה ושיבה אלהים אל תעזבני
עד אגיד זרועך לדור ‹› יבוא
גבורתך | וצדקתך‹:›
19 אלהים עד מרום אשר עשית גדלות
אלהים מי כמוך:
כ אשר הראיתנו צרות רבות ורעות
תשוב תחיֵנו
ומת‹ח›תיות הארץ תשוב תעלנ‹י›:
21 תֶּרֶב .....
ותסֹב תנַחמני:
22 גם אני אודך בכלי נבל אֲמִתְּךָ אלהי
אזמרה לך בכנור קדוש ישראל:
23 תרננה שפתי
‹פי› אזמרה לך ונפשי
אשר פדית:
24 גם לשוני כל היום תהגה צִדקתך
כי בשו כי חפרו מבַקשי רעתי:

72,א לשלמה
אלהים משפטיך למלך תן
וצדקתך לבן מלך:
2 ידין עמך בצדק
ועניך במשפט:
3 ישאו הרים שלום לעם
72 וגבעות ‹›צדקה:
4 ישפט עניי עם
יושיע לבני אביון
וידַכא עושק:
ה ייראו‹ה›ו עם שמש
ולפני ירַח דור דורים:
6 יֵרד כמטר על גז
כרביבים ..... ארץ:
7 יפרח בימיו צד‹י›ק
ורב שלום עד בלי ירַח:
8 ויֵרְדְּ מִיָּם עד ים
ומנהר עד אפסי ארץ:‹
9 לפניו יכרעו צ‹י›ים
ואיביו עפר ילַחכו:
י מלכי תרשיש ואיים מנחה ישיבו
מלכי שבא וסבא אשכר יקריבו:
11 וישתחוו לו כל מלכים
כל גוים יעבדוהו:
12 כי יציל אביון משַוע
ועני ואין עֹזר לו:
13 יחֹס על דל ואביון
ונפשות אביונים יושיע:
14 מתוך ומחמס יגאל נפשם
וייקר דמם בעיניו:
טו ויחי ויתן לו מזהב שבא
ויתפלל בעדו תמיד
כל היום יבָרכנהו:
16 יהי ‹שפעת בר בארץ
בראש הרים ירעש כלבנון פרי‹›
ויציצו מעיר כעשב הארץ:
17 יהי שמו לעולם
לפני שמש .... שמו
ויתברכו בו כל גוים[a]:

(a) 72,17 יאשרֻהו

18 ברוך יהוה אלהים אלהי ישראל עשה נפלאות לבדו:
19 וברוך שם כבודו לעולם וימלא כבודו את כל הארץ אמן ואמן:

כ כָּלו תפלות דוד בן ישי:

ספר שלישי

א, **73** מזמור לאסף
אך טוב לישראל אלהים
לברי לבב:
2 ואני כמעט נטיו רגלי
כאין שפכו אשרי:
3 כי קנאתי בהוללים
שלום רשעים אראה:
4 כי אין חרצבות למו
תם ובריא אולם:
ה בעמל אנוש אינימו
ועם אדם לא ינגעו:
6 לכן ענקתמו גאוה
יעטף שית חמס למו:
7 יצא מחלב עינמו
עברו משכיות לבב:
8 ימיקו וידברו ברע
עשק ממרום ידברו:
9 שתו בשמים פיהם
ולשונם תהלך בארץ:
י לכן ישיב עמו הלם
ומי מלא ימצו למו:
11 ואמרו איכה ידע אל
ויש דעה בעליון:

12 הנה אלה רשעים
ושלוי עולם השגו חיל:
13 אך ריק זכיתי לבבי
וארחץ בנקיון כפי:
14 ואהי נגוע כל היום
ותוכחתי לבקרים:

טו, **73** אם[α] אספרה כמו הנה
דור בניך בגדתי:
16 ואחשבה לדעת זאת
עמל היא בעיני:
17 עד אבוא אל מקדשי אל
אבינה לאחריתם:
18 אך בחלקות תשית למו
הפלתם למשואות:
19 איך היו לשמה כרגע
ספו תמו מן בלהות:
כ כחלום מהקיץ[β]
בעיר צלמם תבזה:
21 כי יתחמץ לבבי
וכליותי אשתונן:
22 ואני בער ולא אדע
בהמות הייתי עמך:

23 ואני תמיד עמך
אחזת ביד ימיני:
24 בעצתך תנחני
ואחר כבוד תקחני:
כה מי לי בשמים
ועמך לא חפצתי בארץ:
26 כלה שארי ולבבי
צור לבבי וחלקי אלהים לעולם:
27 כי הנה רחקיך יאבדו
הצמתה כל זונה ממך:

(α) טו: 73 אמרתי
(β) כ אדני

73,28 ואני קרבת אלהים לי טוב
שַׁתִּי בארני יהוה מחסי
לסַפֵּר כל מלאכותיך:

74,א משכיל לאסף
למה אלהים זנחת לנצח
יעשן אפך בצאן מרעיתך:
2 זכר עדתך קנית קדם
גאלת שֵׁבֶט נחלתך
הר ציון זה שכנת בו:
3 הרימה פעמיך למשׂאות נצח
כל הֵרע אויב בקדש:
4 שאגו צֹרריך בקרב מועדך
שמו אותֹתם אֹתות:
ה יִוָּדע כמביא למעלה
בסבך עץ קרדֻּמות:
6 ו‹א›ת פתוחיה ‹יחד›
בכשיל וכילַפּות יהלמון:
7 שלחו באש מקדשך
לארץ חללו משכן שמך:
8 אמרו בלבם ‹נִינָם› יחד
שרפו כל מועדי אל בארץ:
9 אתותינו לא ראינו
אין עוד נביא
ולא אתנו יודע עד מה:
י עד מתי אלהים יְחָרֵף צר
יְנָאץ אויב שמך לנצח:
11 למה ‹תשיב› ידך וימינך
מקרב ח‹י›קך ‹כַלֵּה›:

12 ואלהים מלכי מקדם
פֹּעַל ישועות בקרב הארץ:
13 אתה פוררת בעָזך ים
שבּרת ראשי תנינים על המים:(a)
טו אתה בקעת מעין ונחל
אתה הובשת נהרות איתן:
16 לך יום אף לך לילה
אתה הכינות מאור ושמש:
17 אתה הצבת כל גבולות ארץ
קיץ וחרף אתה יצרתם:

(a) 74,14 אתה רצצת ראשי לויתן
תתננו מאכל לע‹ם› לציים:

74,18 . . . . . . אויב חֵרֵף יהוה
ועם נבל נִאצו שמך:
19 אל תתן לח‹י›ת נפש תורך
חית ענייך אל תשכח לנצח:
כ הַבֵּט לברית
כי מלאו מחשכי ארץ . . . . חמס:
21 אל ישֹׁב דך נכלם
עני ואביון יְהַללו שמך:
22 קומה אלהים ריבה ריבך
זכר חרפתך מני נבל כל היום:
23 אל תשכח קול צֹרריך
שאון קמיך עולה תמיד:

75,א למנצח אל תשחת מזמור לאסף שיר:
2 הודינו לך אלהים הודינו
וקר‹א›י ב‹שמך ספרו נפלאותיך:
3 כי אקח מועד
אני מישרים אשפט:
4 נמוגים ארץ וכל ישביה
אנכי תכּנתי עמודיה סלה:
ה אמרתי להוללים אל תהלו
ולרשעים אל תרימו קרן:
6 אל תרימו למרום קרנכם
תדַברו בצַוָּאר עָתָק:

7 כי לא ממוצא וממערב
ולא ממדבר ‹ומ›הרים:
8 כי אלהים שֹׁפט
זה ישפיל וזה ירים:
9 כי כוס ביד יהוה
ויין חמר מלֵא מֶסך
ויגּר מזה ‹אך› שמריה ימצו ישתו
כל רשעי ארץ:
י ואני אגיד לעלם
אזמרה לאלהי יעקב:
11 וכל קרני רשעים אגדע
תרוממנה קרנות צדיק:

76,א למנצח בנגינת מזמור לאסף שיר:
2 נודע ביהודה אלהים
בישראל גדול שמו:
3 ויהי בשלם סוכו

76 ומעונתו בציון:
4 שמה שבר רשפי קשת
מגן וחרב ומלחמה [] ׀
ה׳ מהררי טרף ‹[סלה]›:
6 אשתוללו אבירי לב נמו שנתם
ולא מצאו כל אנשי חיל ידיהם:
7 מגערתך אלהי יעקב
נרדמו ‹רכב וסום:

8 אתה נורא אתה[a] ‹אדיר›
ומי יעמד לפניך מ‹עז› אפך:
9 משמים השמעת דין
ארץ יראה ושקטה:
י בקום למשפט אלהים
להושיע כל ענוי ארץ סלה:
11 כי חמת אדם תודך
שארית חמת תחג‹ לך›:
12 נדרו ושלמו ליהוה אלהיכם
כל סביביו יבילו שי למורא:
13 יבצר רוח נגידים
נורא למלכי ארץ:

א,**77** למנצח על ידיתון לאסף מזמור:
2 קולי אל אלהים ואצעקה
קולי אל אלהים והאזין אלי:
3 ביום צרתי אדני דרשתי
ידי לילה נגרה ולא תפוג
מאנה הנחם נפשי:
4 אזכרה אלהים ואהמיה
אשיחה ותתעטף רוחי סלה:
ה אחזת שמרות עיני
נפעמתי ולא אדבר:
6 חשבתי ימים מקדם
שנות עולמים:
7 אזכרה נגינתי בלילה
עם לבבי אשיחה
ויחפ‹ש› רוחי:
8 הלעולמים יזנח אדני
ולא יסיף לרצות עוד:
9 האפס לנצח חסדו
גמר אמ‹ת› לדר ודר:

י,**77** השכח חנות אל
אם קפץ באף רחמיו סלה:
11 ואמר חלותי היא
שנות ימין עליון:

12 אזכיר מעללי יה
כי אזכרה מקדם פלאך:
13 והגיתי בכל פעלך
ובעלילותיך אשיחה:
14 אלהים בקדש דרכך
מי אל גדול כאלהים:
טו אתה ‹אל עשה פלא
הודעת בעמים עזך:
16 גאלת בזרוע עמך
בני יעקב ויוסף סלה:
17 ראוך מים אלהים
ראוך מים יחילו
אף ירגזו תהמות:
18 ‹זרמו מים עבות
קול נתנו שחקים
אף חציך יתהלכו:
19 קול רעמך בגלגל
האירו ברקים תבל
רגזה ותרעש הארץ:
כ בים דרכך ושביליך במים רבים
ועקבתיך לא נודעו:
21 נחית כצאן עמך
ביד משה ואהרן:

א,**78** משכיל לאסף
האזינה עמי תורתי
הטו אזנכם לאמרי פי:
2 אפתחה במשל פי
אביעה חידות מני קדם:
3 אשר שמענו ונדעם
ואבותינו ספרו לנו:
4 לא נכחד מבניהם
לדור אחרון מספרים תהלות יהוה
ועזוזו ונפלאתיו אשר עשה:
ה ויקם עדות ביעקב
ותורה שם בישראל
אשר צוה את אבותינו
להודיעם לבניהם:

(a) י׳ה 76. נאור אתה אדיר

37 תהלים 78,6—45

78,6 למען ידעו דור אחרון בנים יולדו
יקמו ויספרו לבניהם:
7 וישימו באלהים כסלם
ולא ישכחו מעללי אל
ומצותיו ינצרו:
8 ולא יהיו כאבותם
דור סורר ומרה
דור לא הכין לבו
ולא נאמנה את אל רוחו:
9 בני אפרים נושקי רומי קשת
הפכו ביום קרב:
י לא שמרו ברית אלהים
ובתורתו מאנו ללכת:
11 וישכחו עלילותיו
ונפלאותיו אשר הראם:
12 נגד אבותם עשה פלא
בארץ מצרים שדה צען:
13 בקע ים ויעבירם
ויצב מים כמו נד:
14 וינחם בענן יומם
וכל הלילה באור אש:
טו יבקע צרים במדבר
וישק מתהמות רבה:
16 ויוצא נוזלים מסלע
ויורד כנהרות מים:
17 ויוסיפו עוד לחטא לו
למרות עליון בציה:
18 וינסו אל בלבבם
לשאל אכל לנפשם:
19 וידברו באלהים
אמרו היוכל אל
לערך שלחן במדבר:
כ הן הכה צור ויזובו מים
ונחלים ישטפו
הגם לחם יוכל תת
אם יכין שאר לעמו:
21 לכן שמע יהוה ויתעבר
ואש נשקה ביעקב
וגם אף עלה בישראל:
22 כי לא האמינו באלהים
ולא בטחו בישועתו:
23 ויצו שחקים ממעל
ודלתי שמים פתח:
24 וימטר עליהם מן לאכל
78 ודגן שמים נתן למו:
כה לחם אבירים אכל איש
צידה שלח להם לשבע:
26 יסע קדים בשמים
וינהג בעזו תימן:
27 וימטר עליהם כעפר שאר
וכחול ימים עוף כנף:
28 ויפל בקרב מחנהו
סביב למשכנתיו:
29 ויאכלו וישבעו מאד
ותאותם יבא להם:
ל לא זרו מתאותם
עוד אכלם בפיהם:
31 ואף אלהים עלה בהם
ויהרג במשמניהם
ובחורי ישראל הכריע:
32 בכל זאת חטאו עוד
ולא האמינו בנפלאותיו:
33 ויכל בהבל ימיהם
ושנותם בבהלה:
34 אם הרגם ודרשוהו
ושבו ושחרו אל:
לה ויזכרו כי אלהים צורם
ואל עליון גאלם:
36 ויפתוהו בפיהם
ובלשונם יכזבו לו:
37 ולבם לא נכון עמו
ולא נאמנו בבריתו:
38 והוא רחום יכפר עון ולא ישחית
והרבה להשיב אפו
ולא יעיר כל חמתו:
39 ויזכר כי בשר המה
רוח הולך ולא ישוב:
מ כמה ימרוהו במדבר
יעציבוהו בישימון:
41 וישובו וינסו אל
וקדוש ישראל התוו:
42 לא זכרו את ידו
יום אשר פדם מני צר:
43 אשר שם במצרים אתותיו
ומופתיו בשדה צען:
44 ויהפך לדם יאריהם
ונזליהם בל ישתיון:
מה ישלח בהם ערב ויאכלם

78 וצפרדע ותשחיתם:
46 ויתן לחסיל יבולם
ויגיעם לארבה:
47 יהרג בברד גפנם
ושקמותם בחנמל:
48 ויסגר לברד בעירם
ומקניהם לרשפים:
49 ישלח בם חרון אפו
עברה וזעם וצרה
משלחת מלאכי רעים:
נ יפלס נתיב לאפו
לא חשך ממות נפשם
וחיתם לדבר הסגיר:
51 ויך כל בכור במצרים
ראשית אונים באהלי חם:
52 ויסע כצאן עמו
וינהגם כעדר במדבר:
53 וינחם לבטח ולא פחדו
ואת אויביהם כסה הים:
54 ויביאם אל גבול קדשו
הר זה קנתה ימינו:
נה ויגרש מפניהם גוים
ויפילם בחבל נחלה
וישכן באהליהם שבטי ישראל:
56 וינסו וימרו את אלהים עליון
ועדותיו לא שמרו:
57 ויסגו ויבגדו כאבותם
נהפכו כקשת רמיה:
58 ויכעיסוהו בבמותם
ובפסיליהם יקניאוהו:
59 שמע אלהים ויתעבר
וימאס מאד בישראל:
ס ויטש משכן שלו
אהל שכן באדם:
61 ויתן לשבי עזו
ותפארתו ביד צר:
62 ויסגר לחרב עמו
ובנחלתו התעבר:
63 בחוריו אכלה אש
ובתולתיו לא הוללו:
64 כהניו בחרב נפלו
ואלמנתיו לא תבכינה:
סה ויקץ כישן אדני
כגבור מתרונן מיין:

78,66 ויך צריו אחור
חרפת עולם נתן למו:
67 וימאס באהל יוסף
ובשבט אפרים לא בחר:
68 ויבחר את שבט יהודה
את הר ציון אשר אהב:
69 ויבן כמו רמים מקדשו
כארץ יסדה לעולם:
ע ויבחר בדוד עבדו
ויקחהו ממכלאת צאן:
71 מאחר עלות הביאו
לרעות ביעקב עמו
ובישראל נחלתו:
72 וירעם כתם לבבו
ובתבונות כפיו ינחם:

79,א מזמור לאסף
אלהים באו גוים בנחלתך
טמאו את היכל קדשך
שמו את ירושלם לעיים:
2 נתנו את נבלת עבדיך
מאכל לעוף השמים
בשר חסידיך לחיתו ארץ:
3 שפכו דמם כמים
סביבות ירושלם ואין קובר:
4 היינו חרפה לשכנינו
לעג וקלס לסביבותינו:

ה עד מה יהוה תאנף לנצח
תבער כמו אש קנאתך:
6 שפך חמתך אל הגוים אשר לא ידעוך
ועל ממלכות אשר בשמך לא קראו:
7 כי אכלו את יעקב
ואת נוהו השמו:
8 אל תזכר לנו עונת ראשנים
מהר יקדמונו רחמיך
כי דלונו מאד:

9 עזרנו אלהי ישענו
על דבר כבוד שמך
והצילנו וכפר על חטאתינו
למען שמך:
י למה יאמרו הגוים

79 איה אלהיהם
יודע בגוים לעינינו
נקמת דם עבדיך השפוך:
11 תבוא לפניך אנקת אסיר
כגדל זרועך הותר בני תמותה:
12 והשב לשכנינו שבעתים אל חיקם
חרפתם אשר חרפוך אדני:

13 ואנחנו עמך וצאן מרעיתך
נודה לך לעולם
לדור ודור נספר תהלתך:

80,א למנצח אל ששנים עדות לאסף מזמור:
2 רעה ישראל האזינה
נהג כצאן יוסף
ישב הכרובים הופיעה:
3 לפני אפרים ובנימן ומנשה
עוררה את גבורתך
ולכה לישעתה לנו:
4 אלהים השיבנו
והאר פניך ונושעה:

ה יהוה אלהים צבאות
עד מתי עשנת בתפלת עמך:
6 האכלתם לחם דמעה
ותשקמו בדמעות שליש:
7 תשימנו מדון לשכנינו
ואיבינו ילעגו למו:
8 אלהים צבאות השיבנו
והאר פניך ונושעה:

9 גפן ממצרים תסיע
תגרש גוים ותטעה:
י פנית לפניה ותשרש שרשיה
ותמלא ארץ:
11 כסו הרים צלה
וענפיה ארזי אל:
12 תשלח קציריה עד ים
ואל נהר יונקותיה:
13 למה פרצת גדריה
וארוה כל עברי דרך:
14 יכרסמנה חזיר מיער
וזיז שדי ירענה:

80,טו אלהים צבאות שוב נא
הבט משמים וראה
ופקד גפן זאת | וכיונגה:
16 אשר נטעה ימינך[a]:
17 שרפה באש כסחוה
מגערת פניך יאבדו:
18 תהי ידך על איש ימינך
על בן אדם אמצת לך:
19 ולא נסוג ממך
תחיינו ובשמך נקרא:
כ יהוה אלהים צבאות השיבנו
האר פניך ונושעה:

81,א למנצח על הגתית לאסף:
2 הרנינו לאלהים עוזנו
הריעו לאלהי יעקב:
3 שאו זמרה ותנו תף
כנור נעים עם נבל:
4 תקעו בחדש שופר
בכסה ליום חגנו:
ה כי חק לישראל הוא
משפט לאלהי יעקב:
6 עדות ביהוסף שמו
בצאתו מעל ארץ מצרים
* * * * * * * * * * *
שפת לא ידעתי אשמע:
7 הסירותי מסבל שכמו
כפיו מדוד תעברנה:
8 בצרה קראת ואחלצך
אענך בסתר רעם
אבחנך על מי מריבה סלה:
9 שמע עמי ואעידה בך
ישראל אם תשמע לי:
י לא יהיה בך אל זר
ולא תשתחוה לאל נכר:
11 אנכי יהוה אלהיך
המעלך מארץ מצרים
הרחב פיך ואמלאהו:
12 ולא שמע עמי לקולי
וישראל לא אבה לי:
13 ואשלחהו בשרירות לבם

(a) 80,16 ועל בן אמצתה לך

81 ילכו במועצותיהם:
14 לו עמי שמע לי
ישראל בדרכי יהלכו:
טו כמעט אויביהם אכניע
ועל צריהם אשיב ידי:
16 משנאי·הים· יכחשו ל·מו
ויהי עתם לעולם:
17 ·וי·א·אכיל·ך· מחלב חטה
ומצו·ף· דבש אשביעך:

82,א מזמור לאסף
אלהים נצב בעדת אל
בקרב אלהים ישפט:
2 עד מתי תשפטו עול
ופני רשעים תשאו סלה:
3 שפטו דל ויתום
עני ורש הצדיקו:
4 פלטו דל ואביון
מיד רשעים הצילו:
ה לא ידעו ולא יבינו
בחשכה יתהלכו
ימוטו כל מוסדי ארץ:
6 אני אמרתי אלהים אתם
ובני עליון כלכם:
7 אכן כאדם תמותון
וכאחד השרים תפלו:
8 קומה אלהים שפטה הארץ
כי אתה ת·מ·של בכל הגוים:

83,א שיר מזמור לאסף:
2 אלהים אל דמי לך
אל תחרש ואל תשקט אל:
3 כי הנה אויביך יהמיון
ומשנאיך נשאו ראש:
4 על עמך יערימו סוד
ויתיעצו על צפוניך:
ה אמרו לכו ונכחידם מגוי
ולא יזכר שם ישראל עוד:
6 כי נועצו לב יחדו
עליך ברית יכרתו:
7 אהלי אדום וישמעאלים
מואב והגרים:

83,8 גבל ועמון ועמלק
פלשת עם ישבי צור:
9 גם אשור נלוה עמם
היו זרוע לבני לוט סלה:

י עשה להם כמדין
כסיסרא כיבין בנחל קישון:
11 נשמדו . . . .
היו דמן לאדמה:
12 שיתמו נדיבמו כערב וכזאב
וכזבח וכצלמנע כל נסיכמו:
13 אשר אמרו נירשה לנו
את נאות אלהים:
14 אלהי שיתמו כגלגל
כקש לפני רוח:
טו כאש תבער יער
וכלהבה תלהט הרים:
16 כן תרדפם בסערך
ובסופתך תבהלם:
17 מלא פניהם קלון
ויבקשו שמך יהוה:
18 יבשו ויבהלו עדי עד
ויחפרו ויאבדו:
19 וידעו כי אתה שמך יהוה לבדך
עליון על כל הארץ:

84,א למנצח על הגתית לבני קרח מזמור:
2 מה ידידות משכנותיך
יהוה צבאות:
3 נכספה וגם כלתה נפשי
לחצרות יהוה
לבי ובשרי ירננו
אל אל חי:
4 גם צפור מצאה בית ודרור קן לה
אשר שתה אפרחיה
את מזבחותיך יהוה צבאות
מלכי ואלהי:
ה אשרי יושבי ביתך
עוד יהללוך סלה:

6 אשרי אדם עוז לו בך
מ·ע·לות בלבבם:
7 עברי בעמק הבכא מעין ישית·הו

84 גם ברכות יעטה מורה:
8 ילכו מחיל אל חיל
יראו אל אלהים בציון:
9 יהוה אלהים צבאות שמעה תפלתי
האזינה אלהי יעקב סלה:

י מגננו ראה אלהים
והבט פני משיחך:
11 כי טוב יום בחצריך מאלף
בחרתי הסתופף בבית אלהי
מדור באהלי רשע:
12 כי שמש ומגן יהוה אלהים
חן וכבוד יתן יהוה
לא ימנע טוב להלכים בתמים:
13 יהוה צבאות
אשרי אדם בטח בך:

85,א למנצח לבני קרח מזמור:
2 רצית יהוה ארצך
שבת שבות יעקב:
3 נשאת עון עמך
כסית כל חטאתם סלה:
4 אספת כל עברתך
השיבות מחרון אפך:

ה שובנו אלהי ישענו
והפר כעסך עמנו:
6 הלעולם תאנף בנו
תמשך אפך לדר ודר:
7 הלא אתה תשוב תחינו
ועמך ישמחו בך:
8 הראנו יהוה חסדך
וישעך תתן לנו:

9 אשמעה מה ידבר האל יהוה
כי ידבר שלום אל עמו ואל חסידיו
ואל ישובו לכסלה:
י אך קרוב ליראיו ישעו
לשכן כבוד בארצנו:
11 חסד ואמת נפגשו
צדק ושלום נשקו:
12 אמת מארץ תצמח
וצדק משמים נשקף:

85,13 גם יהוה יתן הטוב
וארצנו תתן יבולה:
14 צדק לפניו יהלך
ושלום לדרך פעמיו:

86,א תפלה לדוד
הטה יהוה אזנך
ענני כי עני ואביון אני:
2 שמרה נפשי כי חסיד אני
הושע עבדך אתה אלהי
הבוטח אליך:
3 חנני אדני
כי אליך אקרא כל היום:
4 שמח נפש עבדך
כי אליך אדני נפשי אשא:
ה כי אתה אדני טוב וסלח
ורב חסד לכל קראיך:
6 האזינה יהוה תפלתי
והקשיבה בקול תחנונותי:
7 ביום צרתי אקראך
כי תענני:
8 אין כמוך באלהים אדני
ואין כמעשיך:
9 כל גוים אשר עשית
יבואו וישתחוו לפניך אדני
ויכבדו לשמך:
י כי גדול אתה ועשה נפלאות
אתה אלהים לבדך:

11 הורני יהוה דרכך
אהלך באמתך
יחד לבבי ליראה שמך:
12 אודך אדני אלהי בכל לבבי
ואכבדה שמך לעולם:
13 כי חסדך גדול עלי
והצלת נפשי משאול תחתיה:

14 אלהים זדים קמו עלי
ועדת עריצים בקשו נפשי
ולא שמוך לנגדם:
טו ואתה אדני אל רחום וחנון
ארך אפים ורב חסד ואמת:
16 פנה אלי וחנני

86 תנה עזך לעבדך
והושיעה לבן אמתך:
17 עשׂה עמי אות לטובה
ויראו שנאי ויֵבשו
כי אתה יהוה עזרתני ונחמתני:

א,87 לבני קרח מזמור שיר
* * * * * * * * *
יסודתו בהררי קדש:
2 אֹהב יהוה שערי ציון
מכל משכנות יעקב:
3 ·נכבדות מדֻבר בך·
עיר האלהים סלה:
4 אזכיר רַהב ובבל לידעי
הנה פלשת וצֹר עם כוש
זה יֻלד שם:
ה ולציון ·אֵם· אמר איש
ואיש יֻלד בהּ
והוא יכוננהָ עליון:
6 יהוה יספר בכתוב עמים
זה יֻלד שם סלה:
7 ·ושרים כחללים·
כֻּלָ·ם· מְע·ו·נָ·ם· בך:

א,88 שיר מזמור לבני קרח
למנצח על מחלת לענות
משכיל להימן האזרחי:
2 יהוה אלהי ישועתי
·יום· יום צעקתי בלילה נגדך:
3 תבוא לפניך תפלתי
הַטֵּה אזנך לרנתי:
4 כי שבעה ברעות נפשי
וחיי לשאול הגיעו:
ה נחשבתי עם יורדי בור
הייתי כגבר אין איל:
6 במתים ·נח·שבת·
כמו חללים שכבי קבר
אשר לא זכרתם עוד
והמה מידך נגזרו:
7 שתַּני בבור תחתיות
במחשכים במצֹלות:
8 עלי סמכה חמתך

88 וכל משבריך ·צוית סלה:
9 הרחקת מְיֻדעי ממני
שתַּני תועֵבות למו
כלֻא ולא אצא:
י עיני דאבה מני עֹני
קראתיך יהוה בכל יום
שטחתי אליך כפי:
11 הֲלמתים ·תעשה פלא
אם רפאים יקומו יודוך סלה:
12 היסֻפר בקבר חסדך
אמונתך באֲבַדון:
13 הֲיִוָּדע בחשך פלאך
וצדקתך בארץ נשיה:
14 ואני אליך יהוה שִׁועתי
ובבקר תפלתי תקדמךָ:
טו למה יהוה תזנח נפשי
תסתיר פניך ממני:
16 עני אני וגֹוֵע . . . .
נשאתי אמיך אפו·ג·ה:
17 עלי עברו חרוניך
בִּעותיך צמ·תוני:
18 סבוני כמים כל היום
הקיפו עלי יחד:
19 הרחקת ממני אהב ורֵע
מְיֻדעי מחשך | * * * * *:
* * * * * * * * * * * *
* * * * * * * * * *

א,89 משכיל לאיתן האזרחי:
2 חסדי יהוה עולם אשירה
לדר ודר אודיע אמונתך בפי:
3 כי אמרתי עולם חסד יבנה
שמים תכִן אמונתך בהם:
4 כרת·י· ברית לבחיר·ך·
נשבעת·י· לדוד עבד·ך·:
ה עד עולם אכין זרעך
ובניתי לדר ודור כסאך סלה:
6 ויודו שמים פלאך יהוה
אף אמונתך בקהל קדשים:
7 כי מי בשַּׁחק יערך ליהוה
ידמה ליהוה בבני אלים:
8 אל נערץ בסוד קדשים רבה
ונורא על כל סביביו:

89,9 יהוה אלהי צבאות
מי כמוך חסין יה
ואמונתך סביבותיך:
י אתה מושל בגאות הים
בשוא גליו אתה תשבחם:
11 אתה דכאת כחלל רהב
בזרוע עזך פזרת אויביך:
12 לך שמים אף לך ארץ
תבל ומלאה אתה יסדתם:
13 צפון וימין אתה בראתם
תבור וחרמון בשמך ירננו:
14 לך זרוע עם גבורה
תעז ידך תרום ימינך:
טו צדק ומשפט מכון כסאך
חסד ואמת יקדמו פניך:
16 אשרי העם ידעי תרועה
יהוה באור פניך יהלכון:
17 בשמך ינילון כל היום
ובצדקתך ירומו:
18 כי תפארת עזמו אתה
וברצונך תרים קרנינו:
19 כי ליהוה מגננו
ולקדוש ישראל מלכנו:

כ אז דברת בחזון לחסידיך
ותאמר שויתי עזר על גבור
הרימותי בחור מעם:
21 מצאתי דוד עבדי
בשמן קדשי משחתיו:
22 אשר ידי תכון עמו
אף זרועי תאמצנו:
23 לא ישיא אויב בו
ובן עולה לא יענגו:
24 וכתותי מפניו צריו
ומשנאיו אגוף:
כה ואמונתי וחסדי עמו
ובשמי תרום קרנו:
26 ושמתי בים ידו
ובנהרות ימינו:
27 הוא יקראני אבי אתה
אלי וצור ישועתי:
28 אף אני בכור אתנהו
עליון למלכי ארץ:
29 לעולם אשמור לו חסדי
89 ובריתי נאמנת לו:
ל ושמתי לעד זרעו
וכסאו כימי שמים:
31 אם יעזבו בניו תורתי
ובמשפטי לא ילכון:
32 אם חקתי יחללו
ומצותי לא ישמרו:
33 ופקדתי בשבט פשעם
ובנגעים עונם:
34 וחסדי לא אסיר מעמו
ולא אשקר באמונתי:
לה לא אחלל בריתי
ומוצא שפתי לא אשנה:
36 אחת נשבעתי בקדשי
אם לדוד אכזב:
37 זרעו לעולם יהיה
וכסאו כשמש נגדי:
38 כירח יכון עולם ועד
יכ·שחק * * * * * נאמן סלה:

39 ואתה זנחת ותמאס
התעברת עם משיחך:
מ נארתה ברית עבדך
חללת לארץ נזרו:
41 פרצת כל גדרתיו
שמת מבצריו מחתה:
42 שסהו כל עברי דרך
היה חרפה לשכניו:
43 הרימות ימין צריו
השמחת כל אויביו:
44 אף תשיב צור חרבו
ולא הקמתו במלחמה:
מה השבת מטהרו
וכסאו לארץ מגרתה:
46 הקצרת ימי עלומיו
העטית עליו בושה סלה:

47 עד מה יהוה תסתר לנצח
תבער כמו אש חמתך:
48 זכר אני מה חלד
על מה שוא בראת כל בני אדם:
49 מי גבר יחיה ולא יראה מות
ימלט נפשו מיד שאול סלה:
נ איה חסדיך הראשנים אדני

89 נשבעת לדוד באמונתך׃
51 זכר אדני חרפת עבדיך
שאתי בחיקי כל־רבים עמים׃

89,52 אשר חֵרפו אויביך יהוה
אשר חֵרפו עִקְּבות משיחך׃

53 ברוך יהוה לעולם אמן ואמן׃

ספר רביעי

90,א תפלה למשה איש האלהים
אדני מעון אתה היית לנו
בדר ודר:
2 בטרם הרים יֻלדו
ותחולל ארץ ותבל
ומעולם עד עולם אתה אל:
3 תָּשב אנוש עד דכא
ותאמר שובו בני אדם:
4 כי אלף שנים בעיניך
כיום אתמול כי יעבר
ואשמורה בלילה:
ה ׳זָרַ׳ע׳ מְתִם שֵׁנָה׳
יהיו[a] כחציר יחלף:
6 בבקר יציץ וחלף
לערב ימולל ויבש:
7 כי כלינו באפך
ובחמתך נבהלנו:
8 שַׁתָּ עֲונתינו לנגדך
עלמנו למאור פניך:
9 כי כל ימינו פנו בעברתך
כלינו שנינו כמו הגה:
י ימי שנותינו בהם שבעים שנה
ואם בגבורת שמונים שנה
ורהבם עמל ואָון
כי גז ׳ה׳חיש ונעפה:
11 מי יודע עז אפך
ו׳מי׳ ירא .. עברתך:
12 למנות ימינו כן הודע

90 ונ׳ב׳א ל׳בָ׳ב חכמה:

13 שובה יהוה עד מתי
והנָּחם על עבדיך:
14 שבענו בבקר חסדך
ונרננה ונשמחה בכל ימינו:
טו שמחנו כימות עניתנו
שנות ראינו רעה:
16 יֵראה אל עבדיך פעלך
והדרך על בניהם:
17 ויהי נֹעם יהוה אלהינו עלינו
ומעשה ידינו כוננה[a]:

91,א ישב בסתר עליון
בצל שדי יתלונן:
2 יֹאמַ׳ר ליהוה מחסי ומצודתי
אלהי אבטח בו:
3 כי הוא יצילך מפח יקוש
מדבר הוות:
4 באברתו יָסֶךְ לך
ותחת כנפיו תחסה
צנה וסחֵרה אמתו:
ה לא תירא מפחד לילה
מחץ יעוף יומם:
6 מדבר באפל יהלך
מקטב ישוד צהרים:
7 יפל מצדך אלף

(a) ה.90 בבקר

(a) 90.17 עלינו ומעשה ידינו כוננהו

91 ורבבה מימינך
אליך לא יגש:
8 רק בעיניך תביט
ושלמת רשעים תראה:
9 כי אתה יהוה מחסי
עליון שמת מעונך:
י לא תאנה אליך רעה
ונגע לא יקרב באהלך:
11 כי מלאכיו יצוה לך
לשמרך בכל דרכיך:
12 על כפים ישאונך
פן תגף באבן רגלך:
13 על שחל ופתן תדרך
תרמס כפיר ותנין:

14 כי בי חשק ואפלטהו
אשגבהו כי ידע שמי:
טו יקראני ואענהו
עמו אנכי בצרה
אחלצהו ואכבדהו:
16 ארך ימים אשביעהו
ואראהו בישועתי:

92,א מזמור שיר ליום השבת:
2 טוב להדות ליהוה
ולזמר לשמך עליון:
3 להגיד בבקר חסדך
ואמונתך בלילות:
4 עלי עשור ועלי נבל
עלי הגיון בכנור:
ה כי שמחתני יהוה בפעלך
במעשי ידיך ארנן:
6 מה גדלו מעשיך יהוה
מאד עמקו מחשבתיך:
7 איש בער לא ידע
וכסיל לא יבין את זאת:
8 בפרח רשעים כמו עשב
ויציצו כל פעלי און
להשמדם עדי עד:

9 ואתה . . . .
* * * לעלם יהוה:
י כי הנה איביך יהוה

92 כי הנה איביך יאבדו
יתפרדו כל פעלי און:
11 ותרם כראים קרני
בלתי בשמן רענן:
12 ותבט עיני בשוררי
בקמים עלי[a] תשמענה אזני:
13 צדיק כתמר יפרח
כארז בלבנון ישגה:
14 שתולים בבית יהוה
בחצרות אלהינו יפריחו:
טו עוד ינובון בשיבה
דשנים ורעננים יהיו:
16 להגיד כי ישר יהוה
צורי ולא עלתה בו:

93,א יהוה מלך גאות לבש
לבש יהוה עז התאזר
אף תכון תבל בל תמוט:
2 נכון כסאך מאז
מעולם אתה:
3 נשאו נהרות יהוה
נשאו נהרות קולם
ישאו נהרות דכים:
4 מקלות מים רבים אדירי
ממשברי ים אדיר במרום יהוה:
ה עדתיך נאמנו מאד
לביתך נאוה קדש
יהוה לארך ימים:

94,א אל נקמות יהוה
אל נקמות הופיעה:
2 הנשא שפט הארץ
השב גמול על גאים:
3 עד מתי רשעים יהוה
עד מתי רשעים יעלזו:
4 יביעו ידברו עתק
יתאמרו כל פעלי און:
ה עמך יהוה ידכאו
ונחלתך יענו:
6 אלמנה וגר יהרגו

(a) 92,12 מרעים

94 ויתומים ירצחו:
7 ויאמרו לא יראה יה
ולא יבין אלהי יעקב:
8 בינו בערים בעם
וכסילים מתי תשכילו:
9 הֲנֹטע אזן הלא ישמע
אם יצר עין הלא יביט:
י היֹסר גוים הלא יוכיח
הֿלא ילמד אדם דעת:
11 יהוה ידע מחשבות אדם
כי המה הבל:

12 אשרי הגבר אשר תיסרנו יה
ומתורתך תלמדנו:
13 להשקיט לו מימי רע
עד יכרה לרשע שחת:
14 כי לא יטש יהוה עמו
ונחלתו לא יעזב:
טו כי עד צדק ישוב משפט
ואחריֿתֿ לישרי לב:

16 מי יקום לי עם מרעים
מי יתיצב לי עם פעלי און:
17 לולי יהוה עזרתה לי
כמעט שכנה דומה נפשי:
18 אם אמרתי מטה רגלי
חסדך יהוה יסעדני:
19 ברב שַׂרְעַפַּי בקרבי
תנחומיך יְשַׁעַשְׁעוּ נפשי:
כ היְחָבְרך כסא הוות
יצר עמל עלי חק:
21 יגודו על נפש צדיק
ודם נקי ירשיעו:
22 ויהי יהוה לי למשגב
ואלהי לצור מחסי:
23 וַיָּשֶׁב עליהם את אונם
וברעתם יצמיתם
יצמיתם יהוה אלהינו:

95,א לכו נרננה ליהוה
נריעה לצור ישענו:
2 נקדמה פניו בתודה
בזמרות נריע לו:

95,3 כי אל גדול יהוה
ומלך גדול על כל אלהים:
4 אשר בידו מֶחְקרי ארץ
ותועפות הרים לו:
ה אשר לו הים והוא עשהו
ויבשת ידיו יצרו:
6 באו נשתחוה ונכרעה
נברכה לפני יהוה עשנו:
7 כי הוא אלהינו
ואנחנו עם מרעיתו וצאן ידוֿ

* * * * * * *

היום אם בקלוֿ תשמעו:
8 אל תַּקשו לבבכם כמריבה
כיום מַסה במדבר:
9 אשר נסוני אבותיכם
בחנוני גם ראו פעלי:
י ארבעים שנה אקוט בדור
ואמר עם תֹעי לבב הם
והם לא ידעו דרכי:
11 אשר נשבעתי באפי
אם יבאון אל מנוחתי:

96,א שירו ליהוה שיר חדש
שירו ליהוה כל הארץ:
2 שירו ליהוה ברכו שמו
בשרו מיום ליום ישועתו:
3 ספרו בגוים כבודו
בכל העמים נפלאותיו:

4 כי גדול יהוה ומהלל מאד
נורא הוא על כל אלהים:
ה כי כל אלהי העמים אלילים
ויהוה שמים עשה:
6 הוד והדר לפניו
עז ותפארת במקדשו:

7 הבו ליהוה משפחות עמים
הבו ליהוה כבוד ועז:
8 הבו ליהוה כבוד שמו
שאו מנחה ובאו לחצרותיו:
9 השתחוו ליהוה בהדרת קדש
חילו מפניו כל הארץ:

96,י אמרו בגוים יהוה מָלָךְ
אף תכון תבל בל תמוט
ידין עמים במישרים:

11 ישמחו השמים ותָגֵל הארץ
ירעם הים ומלאו:
12 יעלז שדי וכל אשר בו
אז ירננו כל עצי יער:
13 לפני יהוה כי בא
כי בא לשפט הארץ
ישפט תבל בצדק
ועמים באמונתו:

97,א יהוה מָלָךְ תָּגֵל הארץ
ישמחו איים רבים:
2 ענן וערָפל סביביו
צדק ומשפט מכון כסאו:
3 אש לפניו תלך
ותלַהט סביב צעדיו:

4 האירו ברקיו תבל
ראתה ותָּחֵל הארץ:
ה הרים כדונג נמסו מלפני יהוה
מלפני אדון כל הארץ:
6 הגידו השמים צדקו
וראו כל העמים כבודו:

7 יֵבשו כל עבדי פסל
המתהללים באלילים
השתחוו לו כל אלהים:
8 שמעה ותשמח ציון
ותגֵלנה בנות יהודה
למען משפטיך יהוה:
9 כי אתה יהוה עליון על כל הארץ
מאד נעלית על כל אלהים:

י אהבי יהוה שנאו רע
שֹמר נפשות חסידיו
מיד רשעים יצילם:
11 אור זרח לצדיק
ולישרי לב שמחה:
12 שמחו צדיקים ביהוה
והודו לזכר קדשו:

98,א מזמור
שירו ליהוה שיר חדש
כי נפלאות עשה
הושיעה לו ימינו
וזרוע קדשו:
2 הודיע יהוה ישועתו
לעיני הגוים גלה צדקתו:
3 זכר חסדו ואמונתו
לבית ישראל
ראו כל אפסי ארץ
את ישועת אלהינו:

4 הריעו ליהוה כל הארץ
פצחו ורַננו וזמרו:
ה זמרו ליהוה בכנור
בכנור וקול זמרה:
6 בחצצרות וקול שופר
הריעו לפני המלך יהוה:

7 ירעם הים ומלאו
תבל וישבי בהּ:
8 נהרות ימחאו כף
יחד הרים ירננו:
9 לפני יהוה כי בא לשפט הארץ
ישפט תבל בצדק
ועמים במישרים:

99,א יהוה מָלָךְ ירגזו עמים
ישֵׁב כרובים תנוט הארץ:
2 יהוה בציון גדול
ורם הוא על כל העמים:
3 יודו שמך גדול ונורא
קדוש הוא:
4 אתה מלך אהב משפט
אתה כוננת מישרים
משפט וצדקה ביעקב
אתה עשית:
ה רוממו יהוה אלהינו
והשתחוו להדם רגליו
קדוש הוא:

6 משה ואהרן בכהניו
ושמואל בקראי שמו

99 קראים אל יהוה והוא יענם:
7 בעמוד ענן ידבר אליהם
שמרו עדתיו וחק נתן למו:
8 יהוה אלהינו אתה עניתם
אל נשא היית להם
ונקם על עלילותם:
9 רוממו יהוה אלהינו
והשתחוו להר קדשו
כי קדוש יהוה אלהינו:

100,א מזמור לתודה
הריעו ליהוה כל הארץ:
2 עבדו את יהוה בשמחה
באו לפניו ברננה:
3 דעו כי יהוה הוא אלהים
הוא עשנו ול‹ו› אנחנו
עמו וצאן מרעיתו:
4 באו שעריו בתודה
חצרתיו בתהלה
הודו לו ברכו שמו:
ה כי טוב יהוה לעולם חסדו
ועד דר ודר אמונתו:

101,א לדוד מזמור
חסד ומשפט אשירה
לך יהוה אומרה:
2 אשכילה בדרך תמים[a]
אתהלך בתם לבבי בקרב ביתי:
3 לא אשית לנגד עיני דבר בליעל
עשה סטים שנאתי
לא ידבק בי:
4 לבב עקש יסור ממני
רע לא אדע:
ה מלושני בסתר רעהו
אותו אצמית
גבה עינים ורחב לבב
אתו לא אוכל:
6 עיני בנאמני ארץ
לשבת עמדי
הלך בדרך תמים

101 הוא ישרתני:
7 לא ישב בקרב ביתי עשה רמיה
דבר שקרים לא יכון לנגד עיני:
8 לבקרים אצמית כל רשעי ארץ
להכרית מעיר יהוה כל פעלי און:

102,א תפלה לעני כי יעטף
ולפני יהוה ישפך שיחו:
2 יהוה שמעה תפלתי
ושועתי אליך תבוא:
3 אל תסתר פניך ממני ביום צר לי
הטה אלי אזנך
ביום אקרא מהר ענני:
4 כי כלו ‹ב›עשן ימי
ועצמותי כמוקד נחרו:
ה הוכה כעשב ויבש לבי
כי שכחתי מאכל לחמי:
6 מקול אנחתי
דבקה עצמי לבשרי:
7 דמיתי לקאת מדבר
הייתי ככוס חרבות:
8 שקדתי ואה‹י›ה
כצפור בודד על גג:
9 כל היום חרפוני אויבי
מהוללי בי נשבעו:
י כי אפר כלחם אכלתי
ושקוי‹י› בבכי מסכתי:
11 מפני זעמך וקצפך
כי נשאתני ותשליכני:
12 ימי כצל נטוי
ואני כעשב איבש:

13 ואתה יהוה לעולם תשב
וזכרך לדר ודר:
14 אתה תקום תרחם ציון
כי עת לחננה כי בא מועד:
טו כי רצו עבדיך את אבניה
ואת עפרה יחננו:
16 וייראו גוים את שם יהוה
וכל מלכי הארץ את כבודך:
17 כי בנה יהוה ציון
נראה בכבודו:
18 פנה אל תפלת הערער

(a) 101,2 מתי תבוא אלי

102 ולא בזה את תפלתם׃
19 תכתב זאת לדר אחרון
ועם נברא יהלל יה׃

כ כי השקיף ממרום קדשו
יהוה משמים אל ארץ הביט׃
21 לשמע אנקת אסיר
לפתח בני תמותה׃
22 לספר בציון שם יהוה
ותהלתו בירושלם׃
23 בהקבץ עמים יחדו
וממלכות לעבד את יהוה׃

24 ענה . . . . כחו
קצר ימי׃
כה אמר אלי אל תעלני בחצי ימי
בדור דורים שנותיך׃
26 לפנים הארץ יסדת
ומעשה ידיך שמים׃
27 המה יאבדו ואתה תעמד
וכלם כבגד יבלו
כלבוש תחליפם ויחלפו׃
28 ואתה הוא
ושנותיך לא יתמו׃
29 בני עבדיך ישכונו
וזרעם לפניך יכון׃

103,א לדוד
ברכי נפשי את יהוה
וכל קרבי את שם קדשו׃
2 ברכי נפשי את יהוה
ואל תשכחי כל גמוליו׃
3 הסלח לכל עונכי
הרפא לכל תחלואיכי׃
4 הגואל משחת חייכי
המעטרכי חסד ורחמים׃
ה המשביע בטוב עדיך
תתחדש כנשר נעוריכי׃

6 עשה צדקות יהוה
ומשפטים לכל עשוקים׃
7 יודיע דרכיו למשה
לבני ישראל עלילותיו׃

103,8 רחום וחנון יהוה
ארך אפים ורב חסד׃
9 לא לנצח יריב
ולא לעולם יטור׃
י לא כחטאינו עשה לנו
ולא כעונתינו גמל עלינו׃
11 כי כגבה שמים על הארץ
גבר חסדו על יראיו׃
12 כרחק מזרח ממערב
הרחיק ממנו את פשעינו׃
13 כרחם אב על בנים
רחם יהוה על יראיו׃
14 כי הוא ידע יצרנו
זכור כי עפר אנחנו׃
טו אנוש כחציר ימיו
כציץ השדה כן יציץ׃
16 כי רוח עברה בו ואיננו
ולא יכירנו עוד מקומו׃
17 וחסד יהוה מעולם ועד עולם על יראיו
וצדקתו לבני בנים׃
18 לשמרי בריתו
ולזכרי פקדיו לעשותם׃

19 יהוה בשמים הכין כסאו
ומלכותו בכל משלה׃
כ ברכו יהוה מלאכיו
גברי כח עשי דברו[a]׃
21 ברכו יהוה כל צבאיו
משרתיו עשי רצונו׃
22 ברכו יהוה כל מעשיו
בכל מקמות ממשלתו
ברכי נפשי את יהוה׃

104,א ברכי נפשי את יהוה
יהוה אלהי גדלת מאד
הוד והדר לבשת׃
2 עטה אור כשלמה
נוטה שמים כיריעה׃
3 המקרה במים עליותיו
השם עבים רכובו
המהלך על כנפי רוח׃

(a) 103,כ לשמע בקול דברו

104,4 עשה מלאכיו רוחות
משרתיו אש להט:
ה יסד ארץ על מכוניה
בל תמוט עולם ועד:
6 תהום כלבוש כסיתה
על הרים יעמדו מים:
7 מן גערתך ינוסון
מן קול רעמך יחפזון ׀
8 [a]אל מקום זה יסדת להם:
9 גבול שמת בל יעברון
בל ישבון לכסות הארץ:
י המשלח מעינים בנחלים
בין הרים יהלכון:
11 ישקו כל חיתו שדי
ישברו פראים צמאם:
12 עליהם עוף השמים ישכון
מבין עפאים יתנו קול:
13 משקה הרים מעליותיו
מפרי מעשיך תשבע הארץ:
14 מצמיח חציר לבהמה
ועשב לעבדת האדם
להוציא לחם מן הארץ:
טו ויין ישמח לבב אנוש
להצהיל פנים משמן
ולחם לבב אנוש יסעד:
16 ישבעו עצי יהוה
ארזי לבנון אשר נטע:
17 אשר שם צפרים יקננו
חסידה ברושים ביתה:
18 הרים הגבהים ליעלים
סלעים מחסה לשפנים:
19 עשה ירח למועדים
שמש ידע מבואו:
כ תשת חשך ויהי לילה
בו תרמש כל חיתו יער:
21 הכפירים שאגים לטרף
ולבקש מאל אכלם:
22 תזרח השמש יאספון
ואל מעונתם ירבצון:
23 יצא אדם לפעלו
ולעבדתו עדי ערב:

104,24 מה רבו מעשיך יהוה
כלם בחכמה עשית
מלאה הארץ קנינך:
כה זה הים גדול ורחב ידים
שם רמש ואין מספר
חיות קטנות עם גדלות:
26 שם אניות יהלכון
לויתן זה יצרת לשחק בו:
27 כלם אליך ישברון
לתת אכלם בעתו:
28 תתן להם ילקטון
תפתח ידך ישבעון טוב:
29 תסתיר פניך יבהלון
תסף רוחם יגועון
ואל עפרם ישובון:
ל תשלח רוחך יבראון
ותחדש פני אדמה:

31 יהי כבוד יהוה לעולם
ישמח יהוה במעשיו:
32 המביט לארץ ותרעד
יגע בהרים ויעשנו:
33 אשירה ליהוה בחיי
אזמרה לאלהי בעודי:
34 יערב עליו שיחי
אנכי אשמח ביהוה:
לה יתמו חטאים מן הארץ
ורשעים עוד אינם
ברכי נפשי את יהוה:

104,לה[d] הללויה
105,א הודו ליהוה קראו בשמו
הודיעו בעמים עלילותיו:
2 שירו לו זמרו לו
שיחו בכל נפלאותיו:
3 התהללו בשם קדשו
ישמח לב מבקשי יהוה:
4 דרשו יהוה ועזו
בקשו פניו תמיד:
ה זכרו נפלאותיו אשר עשה
מפתיו ומשפטי פיו:
6 זרע אברהם עבדו
בני יעקב בחיריו:

(a) 104,8 יעלו הרים ירדו בקעות

105,7 הוא יהוה אלהינו
בכל הארץ משפטיו:
8 זכר לעולם בריתו
דבר צוה לאלף דור:
9 אשר כרת את אברהם
ושבועתו לישחק:
י ויעמידה ליעקב לחק
לישראל ברית עולם:
11 לאמר לכם· אתן את ארץ כנען
חבל נחלתכם:
12 בהיותם מתי מספר
כמעט וגרים בה:
13 ויתהלכו מגוי אל גוי
ממלכה אל עם אחר:
14 לא הניח אדם לעשקם
ויוכח עליהם מלכים:
טו אל תגעו במשיחי
ולנביאי אל תרעו:
16 ויקרא רעב על הארץ
כל מטה לחם שבר:
17 שלח לפניהם איש
לעבד נמכר יוסף׃
18 ענו בכבל רגליו
ברזל באה נפשו:
19 עד עת בא דברו
אמרת יהוה צרפתהו:
כ שלח מלך ויתירהו
משל עמים ויפתחהו:
21 שמו אדון לביתו
ומשל בכל קנינו:
22 לאסר שריו בנפשו
וזקניו יחכם:
23 ויבא ישראל מצרים
ויעקב גר בארץ חם:
24 ויפר את עמו מאד
ויעצמהו מצריו:
כה הפך לבם לשנא עמו
להתנכל בעבדיו:
26 שלח משה עבדו
אהרן אשר בחר בו:
27 שמו· בם דברי אתותיו
ומפתים בארץ חם:א

(א) 105,28 שלח חשך ויחשך ולא מרו את דבריו:

105,29 הפך את מימיהם לדם
וימת את דגתם:
ל שרץ ארצם צפרדעים
בחדרי מלכיהם:
31 אמר ויבא ערב
כנים בכל גבולם:
32 נתן גשמיהם ברד
אש להבות בארצם:
33 ויך גפנם ותאנתם
וישבר עץ גבולם:
34 אמר ויבא ארבה
וילק ואין מספר:
לה ויאכל כל עשב בארצם
ויאכל פרי אדמתם:
36 ויך כל בכור בארצם
ראשית לכל אונם:
37 ויוציאם בכסף וזהב
ואין בשבטיו כושל:
38 שמח מצרים בצאתם
כי נפל פחדם עליהם:
39 פרש ענן למסך
ואש להאיר לילה:
מ שאל ויבא שלו
ולחם שמים ישביעם:
41 פתח צור ויזובו מים
הלכו בציות נהר:
42 כי זכר את דבר קדשו
את אברהם עבדו:
43 ויוצא עמו בששון
ברנה את בחיריו:
44 ויתן להם ארצות גוים
ועמל לאמים יירשו:
מה בעבור ישמרו חקיו
ותורתיו ינצרו
הללויה:

106,א הללויה
הודו ליהוה כי טוב
כי לעולם חסדו:
2 מי ימלל גבורות יהוה
ישמיע כל תהלתו:
3 אשרי שמרי משפט
עשי· צדקה בכל עת:

106,4 זכרני יהוה ברצון עמך
פקדני בישועתך:
ה לראות בטובת בחיריך
לשמח בשמחת גויך
להתהלל עם נחלתך:
6 חטאנו עם אבותינו
העוינו הרשענו:
7 אבותינו במצרים לא השכילו נפלאותיך
לא זכרו את רב חסדיך
וימרו[א] בים סוף:
8 ויושיעם למען שמו
להודיע את גבורתו:
9 ויגער בים סוף ויחרב
ויוליכם בתהמות כמדבר:
י ויושיעם מיד שונא
ויגאלם מיד אויב:
11 ויכסו מים צריהם
אחד מהם לא נותר:
12 ויאמינו בדבריו
ישירו תהלתו:
13 מהרו שכחו מעשיו
לא חכו לעצתו:
14 ויתאוו תאוה במדבר
וינסו אל בישימון:
טו ויתן להם שאלתם
וישלח רזון בנפשם:
16 ויקנאו למשה במחנה
לאהרן קדוש יהוה:
17 תפתח ארץ ותבלע דתן
ותכס על עדת אבירם:
18 ותבער אש בעדתם
להבה תלהט רשעים:
19 יעשו עגל בחרב
וישתחוו למסכה:
כ וימירו את כבודם
בתבנית שור אכל עשב:
21 שכחו אל מושיעם
עשה גדלות במצרים:
22 נפלאות בארץ חם
נוראות על ים סוף:
23 ויאמר להשמידם
לולי משה בחירו עמד בפרץ לפניו

(א) 106,7 על ים

106 להשיב חמתו מהשחית:
24 וימאסו בארץ חמדה
לא האמינו לדברו:
כה וירגנו באהליהם
לא שמעו בקול יהוה:
26 וישא ידו להם
להפיל אותם במדבר:
27 ולהפיל זרעם בגוים
ולזרותם בארצות:
28 ויצמדו לבעל פעור
ויאכלו זבחי מתים:
29 ויכעיסו במעלליהם
ותפרץ בם מגפה:
ל ויעמד פינחס ויפלל
ותעצר המגפה:
31 ותחשב לו לצדקה
לדר ודר עד עולם:
32 ויקציפו על מי מריבה
וירע למשה בעבורם:
33 כי המרו את רוחו
ויבטא בשפתיו:
34 לא השמידו את העמים
אשר אמר יהוה להם:
לה ויתערבו בגוים
וילמדו מעשיהם:
36 ויעבדו את עצביהם
ויהיו להם למוקש:
37 ויזבחו את בניהם
ואת בנותיהם לשדים:
38 וישפכו דם נקי
דם בניהם ובנותיהם
אשר זבחו לעצבי כנען
ותחנף הארץ בדמים:
39 ויטמאו במעשיהם
ויזנו במעלליהם:
מ ויחר אף יהוה בעמו
ויתעב את נחלתו:
41 ויתנם ביד גוים
וימשלו בהם שנאיהם:
42 וילחצום אויביהם
ויכנעו תחת ידם:
43 פעמים רבות יצילם
והמה ימרו בעצתם
וימכו בעונם:

106,44 וירא בצר להם
בשמעו את רנתם:
מה ויזכר להם בריתו
וינחם כרב חסדו:
46 ויתן אותם לרחמים

106 לפני כל שוביהם:
47 הושיענו יהוה אלהינו
וקבצנו מן הגוים
להדות לשם קדשך
להשתבח בתהלתך:

48 ברוך יהוה אלהי
ישראל מן העולם ועד העולם ואמר כל העם אמן הללו יה:

ספר חמישי

א,107 הדו ליהוה כי טוב
כי לעולם חסדו:
2 יאמרו גאולי יהוה
אשר גְאלם מיד צר:
3 ומארצות קבצם
ממזרח וממערב מצפון ומים:

4 תעו במדבר בישימון דרך
עיר מושב לא מצאו:
ה רעֵבים גם צמֵאים
נפשם בהם תתעטף:
6 ויצעקו אל יהוה בצר להם
ממצוקותיהם יצילם:
7 וידריכם בדרך ישרה
ללכת אל עיר מושב:
8 יודו ליהוה חסדו
ונפלאותיו לבני אדם:
9 כי השביע נפש שקקה
ונפש רעֵבה מלא טוב:

י ישבי חשך וצלמות
אסירי עֳני וברזל:
11 כי המרו אמרי אל
ועצת עליון נאצו:
12 ויַכנע בעמל לבם
כשלו ואין עזר:
13 ויזעקו אל יהוה בצר להם
ממצֻקותיהם יושיעם:
14 יוציאם מחשך וצלמות
ומוסרותיהם ינַתק:

טו,107 יודו ליהוה חסדו
ונפלאותיו לבני אדם:
16 כי שבר דלתות נחשת
ובריחי ברזל גדע:

17 אמלִלים מדרך פשעם
ומעֲונתיהם יתענו:
18 כל אכל תתַעב נפשם
ויגיעו עד שערי מות:
19 ויזעקו אל יהוה בצר להם
ממצֻקותיהם יושיעם:
כ ישלח דברו וירפאם
וימלט משחיתותם:
21 יודו ליהוה חסדו
ונפלאותיו לבני אדם:
22 ויזבחו זבחי תודה
ויסַפרו מעשיו ברנה:

23 יורדי הים באניות
עשי מלאכה במים רבים:
24 המה ראו מעשי יהוה
ונפלאותיו במצולה:
כה ויאמר ויעמד רוח סערה
ותרומם גליו:
26 יעלו שמים ירדו תהומות
נפשם ברעה תתמוגג:
27 יחוגו וינועו כשכור
וכל חכמתם תתבלע:
28 ויצעקו אל יהוה בצר להם
וממצוקתיהם יוציאם:

107,29 יקם סערה לדממה
ויחשו גליהם:
ל וישמחו כי ישתקו
וינחם אל מחוז חפצם:
31 יודו ליהוה חסדו
ונפלאותיו לבני אדם:
32 וירוממוהו בקהל עם
ובמושב זקנים יהללוהו:

33 ישם נהרות למדבר
ומצאי מים לצמאון:
34 ארץ פרי למלחה
מרעת יושבי בה:
לה ישם מדבר לאגם מים
וארץ ציה למצאי מים:
36 ויושב שם רעבים
ויכוננו עיר מושב:
37 ויזרעו שדות ויטעו כרמים
ויעשו פרי תבואה:
38 ויברכם וירבו מאד
ובהמתם לא ימעיט:
39 וימעטו וישחו
מעצר רעה ויגון:
מ שפך בוז על נדיבים
ויתעם בתהו לא דרך:
41 וישגב אביון מעוני
וישם כצאן משפחות:
42 יראו ישרים וישמחו
וכל עולה קפצה פיה:

43 מי חכם וישמר אלה
ויתבוננו חסדי יהוה:

108,א שיר מזמור לדוד:
2 נכון לבי אלהים
אשירה ואזמרה אף כבודי:
3 עורה הנבל וכנור
אעירה שחר:
4 אודך בעמים יהוה
ואזמרך בלאמים:
ה כי גדול מעל שמים חסדך
ועד שחקים אמתך:
6 רומה על שמים אלהים
108 ועל כל הארץ כבודך:

7 למען יחלצון ידידיך
הושיעה ימינך ועננו:
8 אלהים דבר בקדשו
אעלזה אחלקה שכם
ועמק סכות אמדד:
9 לי גלעד לי מנשה
ואפרים מעוז ראשי
יהודה מחקקי:
י מואב סיר רחצי
על אדום אשליך נעלי
עלי פלשת אתרועע:
11 מי יבלני עיר מבצר
מי נחני עד אדום:
12 הלא אלהים זנחתנו
ולא תצא אלהים בצבאתינו:
13 הבה לנו עזרת מצר
ושוא תשועת אדם:
14 באלהים נעשה חיל
והוא יבוס צרינו:

109,א למנצח לדוד מזמור
אלהי תהלתי אל תחרש:
2 כי פי רשע ופי מרמה עלי פתחו
דברו אתי לשון שקר:
3 ודברי שנאה סבבוני
וילחמוני חנם:
4 תחת אהבתי ישטנוני
. . . . :
ה וישלמו עלי רעה תחת טובה
ושנאה תחת אהבתי:

6 הפקד עליו רשע
ושטן יעמד על ימינו:
7 בהשפטו יצא רשע
ותפלתו תהיה לחטאה:
8 יהיו ימיו מעטים
פקדתו יקח אחר:
9 יהיו בניו יתומים
ואשתו אלמנה:
י ונוע ינועו בניו ושאלו
ודרשו מחרבותיהם:

109,11 ינקש נושה לכל אשר לו
ויבזו זרים יגיעו:
12 אל יהי לו משך חסד
ואל יהי חונן ליתומיו:
13 יהי אחריתו להכרית
בדור אחר ימח שמם ו
טוb ‹[ו·יכ·רת מארץ זכרם:]›
14 יזכר עֲון אבתיו אל יהוה
וחטאת אמו אל תִמח:
טוa יהיו נגד יהוה תמיד []
16 יען אשר לא זכר עשות חסד
וירדף איש עני ואבְיון
ונכאֵה לבב למותת:
17 ויאֱהב קְלָלה ותבואֵהו
ולא חפֵץ בברָכה ותרחק ממנו:
18 וילבש קְלָלה כמַדו
ותבא כמים בקרבו
וכשמן בעצמותיו:
19 תהי לו כבגד יַעטה
ולמֵזח תמיד יחגרֶהָ:
כ זאת פְעֻלת שטני מאת יהוה
והדברים רע על נפשי:

21 ואתה יהוה אדני
עשה אתי למען שמך
‹כ·טוב› חסדך הצילני:
22 כי עָני ואבְיון אנכי
ולבי חלל בקרבי:
23 כצל כנטותו נהלכתי
ננערתי כארבה:
24 ברכי כשלו מצום
ובשרי כחש משמן:
כה ואני הייתי חרפה להם
יראוני יניעון ראשם:

26 עזרני יהוה אלהי
הושיעני כחסדך:
27 ויֵדעו כי ידך זאת
אתה יהוה עשיתה:
28 יקַללו המה ואתה תבָרך
קמ·ו· ‹יֵבשו ועבדך ישמח:
29 ילבשו שוטני כלמה
ויעטו כמעיל בשתם:
ל אודה יהוה מאד בפי
109 ובתוך רבים אהַללנו:
31 כי יעמד לימין אביון
להושיע ‹מ·משפטי·› נפשו:

110,א לדוד מזמור
נאם יהוה לאדני שב לימיני
עד אשית איביך הדם לרגליך:
2 מטה עזך ישלח יהוה מציון
רדה בקרב איביך:
3 עמך נדבת ביום חילך
‹בה·ר·רי קדש מרחם ‹·שחר
לך טל ילדְתך›:
4 נשבע יהוה ולא ינחם
אתה כהן לעולם
על דברתי מלכי צדק:
ה אדני על ימינך
מחץ ביום אפו מלכים:
6 ידין בגוים
‹מל·א גויות ‹[ארץ רבה]›
מחץ ראש . . []:
7 מנחל בדרך ישתה
על כן ירים ראש:

111,א הללויה
אודה יהוה בכל לבב
בסוד ישרים ועדה:
2 גדלים מעשי יהוה
דרושים לכל חפציהם:
3 הוד והדר פעלו
וצדקתו עמדת לעד:
4 זכר עשה לנפלאותיו
חנון ורַחום יהוה:
ה טרף נתן ליראיו
יזכר לעולם בריתו:
6 כח מעשיו הגיד לעמו
לתת להם נחלת גוים:
7 מעשי ידיו אמת ומשפט
נאמנים כל פקודיו:
8 סמוכים לעד לעולם
עשוים באמת וישר:
9 פדות שלח לעמו
צוה לעולם בריתו

111 קדוש ונורא שמו:
י ראשית חכמה יראת יהוה
שכל טוב לכל עשיהם
תהלתו עמדת לעד:

112,א הללויה
אשרי איש ירֵא את יהוה
במצותיו חפֵץ מאד:
2 גבור בארץ יהיה זרעו
דור ישרים יבֹרך:
3 הון ועשר בביתו
וצדקתו עמדת לעד:
4 זרח בחשך אור לישרים
חנון ורחום וצדיק:
ה טוב איש חונן ומלוֶה
יכלכל דבריו במשפט:
6 כי לעולם לא ימוט
לזכר עולם יהיה צדיק:
7 משמועה רעה לא יירא
נכון לבו בטֻח ביהוה:
8 סמוך לבו לא יירא
עד אשר יראה בצריו:
9 פזר נתן לאביונים
צדקתו עמדת לעד
קרנו תרום בכבוד:
י רשע יראה וכעס
שניו יחרק ונמס
תאות רשעים תאבד:

113,א הללויה
הללו עבדי יהוה
הללו את שם יהוה:
2 יהי שם יהוה מבֹרך
מעתה ועד עולם:
3 ממזרח שמש עד מבואו
מהֻלל שם יהוה:
4 רם על כל גוים יהוה
על השמים כבודו:
ה מי כיהוה אלהינו
המגביהי לשבת:
6 המשפילי לראות

113 בשמים ובארץ:
7 מקימי מעפר דל
מאשפת ירים אביון:
8 להושיבי עם נדיבים
עם נדיבי עמו:
9 מושיבי עקֶרת הבית
אם הבנים שמֵחה
הללויה:

114,א בצאת ישראל ממצרים
בית יעקב מעם לעז:
2 היתה יהודה לקדשו
ישראל ממשלותיו:
3 הים ראה וינס
הירדן יסֹב לאחור:
4 ההרים רקדו כאילים
גבעות כבני צאן:
ה מה לך הים כי תנוס
הירדן תסֹב לאחור:
6 ההרים תרקדו כאילים
גבעות כבני צאן:
7 מלפני אדון חולי ארץ
מלפני אלוה יעקב:
8 ההפכי הצור אגם מים
חלמיש למעינו מים:

115,א לא לנו יהוה לא לנו
כי לשמך תן כבוד
על חסדך על אמִתך:
2 למה יאמרו הגוים
איה נא אלהיהם:
3 ואלהינו בשמים
כל אשר חפֵץ עשה:
4 עצביהם כסף וזהב
מעשה ידי אדם:
ה פה להם ולא ידַברו
עינַים להם ולא יראו:
6 אזנַים להם ולא ישמעו
אף להם ולא יריחון:
7 ידיהם ולא ימישון
רגליהם ולא יהלכו

115 לא יהגו בגרונם:
8 כמוהם יהיו עשיהם
כל אשר בטח בהם:

9 ישראל בטח ביהוה
עזרם ומגנם הוא:
י בית אהרן בטחו ביהוה
עזרם ומגנם הוא:
11 יראי יהוה בטחו ביהוה
עזרם ומגנם הוא:
12 יהוה זכרנו יְבָרֵךְ
יברך את בית ישראל
יברך את בית אהרן:
13 יברך יראי יהוה
הקטנים עם הגדלים:
14 יֹסֵף יהוה עליכם
עליכם ועל בניכם:
טו ברוכים אתם ליהוה
עשה שמים וארץ:
16 השמים שמים ליהוה
והארץ נתן לבני אדם:
17 לא המתים יהללו יה
ולא כל ירדי דומה:
18 ואנחנו נברך יה
מעתה ועד עולם הללויה:

116,א אהבתי כי ישמע יהוה
את קולי תחנוני:
2 כי הטה אזנו לי
ובימי אקרא:
3 אפפוני חבלי מות
ומְצָרי שאול מצאוני
צרה ויגון אמצא:
4 ובשם יהוה אקרא
אנה יהוה מלטה נפשי:
ה חנון יהוה וצדיק
ואלהינו מְרַחֵם:
6 שמר פתאים יהוה
דלֹתי ולי יהושיע:
7 שובי נפשי למנוחָיְכי
כי יהוה גמל עלָיְכי:
8 כי חלצת נפשי ממות
את עיני מן דמעה

116 את רגלי מדחי:
9 אתהלך לפני יהוה
בארצות החיים:
י האמנתי כי אֲדַבֵּר
אני עניתי מאד:
11 אני אמרתי בחָפְזִי
כל האדם כֹּזֵב:

12 מה אשיב ליהוה
כל תגמולוהי עלי:
13 ‹כוס› ישועות אשׂא
ובשם יהוה אקרא:
14 נדרי ליהוה אשלֵּם
נגדה נא לכל עמו:
טו יקר בעיני יהוה * * * *
* * * * המוְתה לחסידיו:
16 * * * * אנה יהוה
* * * * כי אני עבדך
אני עבדך בן אמתך‹:›
* * * * * *
פתחת למוסרי:
17 לך אזבח זבח תודה
ובשם יהוה אקרא:
18 נדרי ליהוה אשלֵּם
נגדה נא לכל עמו:
19 בחצרות בית יהוה
בתוככי ירושלם
הללויה:

117,א הללו את יהוה כל גוים
שבחוהו כל ‹ל›אמים:
2 כי גבר עלינו חסדו
ואמת יהוה לעולם
הללויה:

118,א הודו ליהוה כי טוב
כי לעולם חסדו:
2 יאמר נא ישראל
כי לעולם חסדו:
3 יאמרו נא בית אהרן
כי לעולם חסדו
4 יאמרו נא יראי יהוה

118

ה מִן הַמֵּצַר קָרָאתִי יָּהּ
עָנָנִי בַמֶּרְחָב יָהּ:
6 יהוה לִי לֹא אִירָא
מַה יַּעֲשֶׂה לִי אָדָם:
7 יהוה לִי בְּעֹזְרָי
וַאֲנִי אֶרְאֶה בְשֹׂנְאָי:
8 טוֹב לַחֲסוֹת בַּיהוה
מִבְּטֹחַ בָּאָדָם:
9 טוֹב לַחֲסוֹת בַּיהוה
מִבְּטֹחַ בִּנְדִיבִים:
י כָּל גּוֹיִם סְבָבוּנִי
בְּשֵׁם יהוה כִּי אֲמִילַם:
11 סַבּוּנִי גַם סְבָבוּנִי
בְּשֵׁם יהוה כִּי אֲמִילַם:
12 סַבּוּנִי כִדְבֹרִים
דֹּעֲכוּ כְּאֵשׁ קוֹצִים
בְּשֵׁם יהוה כִּי אֲמִילַם:
13 דַּחֹה דְחִיתַנִי לִנְפֹּל
וַיהוה עֲזָרָנִי:
14 עָזִּי וְזִמְרָת יָהּ
וַיְהִי לִי לִישׁוּעָה:
טו קוֹל רִנָּה וִישׁוּעָה בְּאָהֳלֵי צַדִּיקִים
יְמִין יהוה עֹשָׂה חָיִל:
16 יְמִין יהוה רוֹמֵמָה
יְמִין יהוה עֹשָׂה חָיִל:
17 לֹא אָמוּת כִּי אֶחְיֶה
וַאֲסַפֵּר מַעֲשֵׂי יָהּ:
18 יַסֹּר יִסְּרַנִּי יָּהּ
וְלַמָּוֶת לֹא נְתָנָנִי:
19 פִּתְחוּ לִי שַׁעֲרֵי צֶדֶק
אָבֹא בָם אוֹדֶה יָהּ:
כ זֶה הַשַּׁעַר לַיהוה
צַדִּיקִים יָבֹאוּ בוֹ:
21 אוֹדְךָ כִּי עֲנִיתָנִי
וַתְּהִי לִי לִישׁוּעָה:
22 אֶבֶן מָאֲסוּ הַבּוֹנִים
הָיְתָה לְרֹאשׁ פִּנָּה:
23 מֵאֵת יהוה הָיְתָה זֹּאת
הִיא נִפְלָאת בְּעֵינֵינוּ:
24 זֶה הַיּוֹם עָשָׂה יהוה
נָגִילָה וְנִשְׂמְחָה בוֹ:

כה 118,25 אָנָּא יהוה הוֹשִׁיעָה נָּא
אָנָּא יהוה הַצְלִיחָה נָּא:
26 בָּרוּךְ הַבָּא בְּשֵׁם יהוה
בֵּרַכְנוּכֶם מִבֵּית יהוה:
27 אֵל יהוה וַיָּאֶר לָנוּ
אִסְרוּ חַג בַּעֲבֹתִים
עַד קַרְנוֹת הַמִּזְבֵּחַ:
28 אֵלִי אַתָּה וְאוֹדֶךָּ
אֱלֹהַי אֲרוֹמְמֶךָּ:
29 הוֹדוּ לַיהוה כִּי טוֹב
כִּי לְעוֹלָם חַסְדּוֹ:

119

119,א אַשְׁרֵי תְמִימֵי דָרֶךְ
הַהֹלְכִים בְּתוֹרַת יהוה:
2 אַשְׁרֵי נֹצְרֵי עֵדֹתָיו
בְּכָל לֵב יִדְרְשׁוּהוּ:
3 אַף לֹא פָעֲלוּ עַוְלָה
בִּדְרָכָיו הָלָכוּ:
4 אַתָּה צִוִּיתָה פִקֻּדֶיךָ
לִשְׁמֹר מְאֹד:
ה אַחֲלַי יִכֹּנוּ דְרָכָי
לִשְׁמֹר חֻקֶּיךָ:
6 אָז לֹא אֵבוֹשׁ
בְּהַבִּיטִי אֶל כָּל מִצְוֹתֶיךָ:
7 אוֹדְךָ בְּיֹשֶׁר לֵבָב
בְּלָמְדִי מִשְׁפְּטֵי צִדְקֶךָ:
8 אֶת חֻקֶּיךָ אֶשְׁמֹר
אַל תַּעַזְבֵנִי עַד מְאֹד:

9 בַּמֶּה יְזַכֶּה נַּעַר אֶת אָרְחוֹ
לִשְׁמֹר כִּדְבָרֶךָ:
י בְּכָל לִבִּי דְרַשְׁתִּיךָ
אַל תַּשְׁגֵּנִי מִמִּצְוֹתֶיךָ:
11 בְּלִבִּי צָפַנְתִּי אִמְרָתֶךָ
לְמַעַן לֹא אֶחֱטָא לָךְ:
12 בָּרוּךְ אַתָּה יהוה
לַמְּדֵנִי חֻקֶּיךָ:
13 בִּשְׂפָתַי סִפַּרְתִּי
כֹּל מִשְׁפְּטֵי פִיךָ:
14 בְּדֶרֶךְ עֵדְוֹתֶיךָ שַׂשְׂתִּי
כְּעַל כָּל הוֹן:
טו בְּפִקֻּדֶיךָ אָשִׂיחָה

119 ואביטה ארחתיך:
16 חקתיך אשתעשע
לא אשכח דברך:

17 מל על עבדך אחיה
ואשמרה דברך:
18 ל עיני ואביטה
נפלאות מתורתך:
19 ר אנכי בארץ
אל תסתר ממני מצותיך:
כ רסה נפשי לתאבה
אל משפטיך בכל עת:
21 ערת זדים ארורים
השגים ממצותיך:
22 ל מעלי חרפה ובוז
כי עדתיך נצרתי:
23 ם ישבו שרים בי נדברו
עבדך ישיח בחקיך:
24 ם עדתיך שעשעי
אנשי עצתי:

כה בקה לעפר נפשי
חיני כדברך:
26 רכי ספרתי ותענני
למדני חקיך:
27 רך פקודיך הבינני
ואשיחה בנפלאותיך:
28 לפה נפשי מתוגה
קימני כדברך:
29 רך שקר הסר ממני
ותורתך חנני:
ל רך אמונה בחרתי
משפטיך שויתי לנגדי:
31 בקתי בעדותיך
יהוה אל תבישני:
32 רך מצותיך ארצה
כי תרחיב לבי:

33 ורני יהוה דרך חקיך
ואצרנה עקב:
34 בינני ואצרה תורתך
ואשמרנה בכל לב:
לה דריכני בנתיב מצותיך
כי בו חפצתי:

119,36 ט לבי אל עדותיך
ואל אל בצע:
37 עבר עיני מראות שוא
בדרכך חיני:
38 קם לעבדך אמרתך
אשר ליראתך:
39 עבר חרפתי אשר יגרתי
כי משפטיך טובים:
מ נה תאבתי לפקודיך
בצדקתך חיני:

41 יבאני חסדך יהוה
תשועתך כאמרתך:
42 אענה חרפי דבר
כי בטחתי בדברך:
43 אל תצל מפי דבר אמת עד מאד
כי למשפטך יחלתי:
44 אשמרה תורתך תמיד
לעולם ועד:
מה אתהלכה ברחבה
כי פקדיך דרשתי:
46 אדברה בעדתיך נגד מלכים
ולא אבוש:
47 אשתעשע במצותיך
אשר אהבתי:
48 אשא כפי אל מצותיך[a]
ואשיחה בחקיך:

49 כר דבר לעבדך
על אשר יחלתני:
נ את נחמתי בעניי
כי אמרתך חיתני:
51 דים הליצני עד מאד
מתורתך לא נטיתי:
52 כרתי משפטיך מעולם
יהוה ואתנחם:
53 לעפה אחזתני
מרשעים עזבי תורתך:
54 מרות היו לי חקיך
בבית מגורי:
נה כרתי בלילה שמך יהוה
ואשמרה תורתך:

(a) 119,48 אשר אהבתי

119,56 זאת היתה לי
כי פקדיך נצרתי:

57 חלקי יהוה אמרתי
לשמר דבריך:
58 חליתי פניך בכל לב
חנני כאמרתך:
59 חשבתי דרכי
ואשיבה רגלי אל עדתיך:
ס חשתי ולא התמהמהתי
לשמר מצותיך:
61 חבלי רשעים עודני
תורתך לא שכחתי:
62 חצות לילה אקום להודות לך
על משפטי צדקך:
63 חבר אני לכל אשר יראוך
ולשמרי פקודיך:
64 חסדך יהוה מלאה הארץ
חקיך למדני:

סה טוב עשית עם עבדך
יהוה כדברך:
66 טעם[a] ודעת למדני
כי במצותיך האמנתי:
67 טרם אענה אני שגג
ועתה אמרתך שמרתי:
68 טוב אתה ומטיב
למדני חקיך:
69 טפלו עלי שקר זדים
אני בכל לב אצר פקודיך:
ע טפש כחלב לבם
אני תורתך שעשעתי:
71 טוב לי כי עניתי
למען אלמד חקיך:
72 טוב לי תורת פיך
מאלפי זהב וכסף:

73 ידיך עשוני ויכוננוני
הבינני ואלמדה מצותיך:
74 יראיך יראוני וישמחו
כי לדברך יחלתי:
עה ידעתי יהוה כי צדק משפטיך
119 ואמונה עניתני:
76 יהי נא חסדך לנחמני
כאמרתך לעבדך:
77 יבאוני רחמיך ואחיה
כי תורתך שעשעי:
78 יבשו זדים כי שקר עותוני
אני אשיח בפקודיך:
79 ישובו לי יראיך
וידעו עדתיך:
פ יהי לבי תמים בחקיך
למען לא אבוש:

81 כלתה לתשועתך נפשי
לדברך יחלתי:
82 כלו עיני לאמרתך
לאמר מתי תנחמני:
83 כי הייתי כנאד בקיטור
חקיך לא שכחתי:
84 כמה ימי עבדך
מתי תעשה ברדפי משפט:
פה כרו לי זדים שיחות
אשר לא כתורתך:
86 כל מצותיך אמונה
שקר רדפוני עזרני:
87 כמעט כלוני בארץ
ואני לא עזבתי פקדיך:
88 כחסדך חיני
ואשמרה עדות פיך:

89 לעולם יהוה דברך
נצב בשמים:
צ לדר ודר אמונתך
כוננת ארץ ותעמד:
91 למשפטיך עמדו היום
כי הכל עבדיך:
92 לולי תורתך שעשעי
אז אבדתי בעניי:
93 לעולם לא אשכח פקודיך
כי בם חייתני:
94 לך אני הושיעני
כי פקודיך דרשתי:
צה לי קוו רשעים לאבדני
עדתיך אתבונן:
96 לכל תכלה ראיתי קץ

(a) 119,66 טוב

119 רחבה מצותך מאד:

97 מה אהבתי תורתך
כל היום היא שיחתי:
98 מאיבי תחכמני מצותיך
כי לעולם היא לי:
99 מכל מלמדי השכלתי
כי עדותיך שיחה לי:
ק מזקנים אתבונן
כי פקדיך נצרתי:
101 מכל ארח רע כלאתי רגלי
למען אשמר דברך:
102 ממשפטיך לא סרתי
כי אתה הורתני:
103 מה נמלצו לחכי אמר·ו·ת·י·ך
מדבש לפי:
104 מפקודיך אתבונן
על כן שנאתי כל ארח שקר:

קה נר לרגלי דברך
ואור לנתיבתי:
106 נשבעתי ואקימה
לשמר משפטי צדקך:
107 נעניתי עד מאד
יהוה חיני כדברך:
108 נדבות פי רצה נא יהוה
ומשפטיך למדני:
109 נפשי בכפי תמיד
ותורתך לא שכחתי:
קי נתנו רשעים פח לי
ומפקודיך לא תעיתי:
111 נחלתי עדותיך לעולם
כי ששון לבי המה:
112 נטיתי לבי לעשות חקיך
לעולם עקב:

113 סעפים שנאתי
ותורתך אהבתי:
114 סתרי ומגני אתה
לדברך יחלתי:
קטו סורו ממני מרעים
ואצרה מצות אלהי:
116 סמכני כאמרתך ואחיה
ואל תבישני משברי:

119,117 סעדני ואושעה
ואשעה בחקיך תמיד:
118 סלית כל שוגים מחקיך
כי שקר תרמיתם:
119 סגים השבת כל רשעי ארץ
לכן אהבתי עדתיך:
קכ סמר מפחדך בשרי
וממשפטיך יראתי:

121 עשיתי משפט וצדק
בל תניחני לעשקי:
122 ערב עבדך לטוב
אל יעשקני זדים:
123 עיני כלו לישועתך
ולאמרת צדקך:
124 עשה עם עבדך כחסדך
וחקיך למדני:
קכה עבדך אני הבינני
ואדעה עדתיך:
126 עת לעשות ליהוה
הפרו תורתך:
127 על כן אהבתי מצותיך
מזהב ומפז:
128 על כן כל פקו·די·ך ∘ ישרתי
כל ארח שקר שנאתי:

129 פלאות עדותיך
על כן נצרתם נפשי:
קל פתח דבריך יאיר
מבין פתיים:
131 פי פערתי ואשאפה
כי למצותיך יאבתי:
132 פנה אלי וחנני
כמשפט לאהבי שמך:
133 פעמי הכן באמרתך
ואל תשלט בי כל און:
134 פדני מעשק אדם
ואשמרה פקודיך:
קלה פניך האר בעבדך
ולמדני את חקיך:
136 פלגי מים ירדו עיני
על לא שמרו תורתך:

137 צדיק אתה יהוה

119 וישרים משפטיך | צוית
138 צדק עדתיך
ואמונה מאד:
139 צמתתני קנאתי
כי שכחו דבריך צרי:
קמ צרופה אמרתך מאד
ועבדך אהבה:
141 צעיר אנכי ונבזה
פקדיך לא שכחתי:
142 צדקתך צדק לעולם
ותורתך אמת:
143 צר ומצוק מצאוני
מצותיך שעשעי:
144 צדק עדותיך לעולם
הבינני ואחיה:

קמה קראתי בכל לב ענני יהוה
חקיך אצרה:
146 קראתיך הושיעני
ואשמרה עדתיך:
147 קדמתי בנשף ואשועה
לדבריך יחלתי:
148 קדמו עיני אשמרות
לשיח באמרתך:
149 קולי שמעה כחסדך
יהוה כמשפטך חיני:
קנ קרבו רדפי זמה
מתורתך רחקו:
151 קרוב אתה יהוה
וכל מצותיך אמת:
152 קדם ידעתי מעדתיך
כי לעולם יסדתם:

153 ראה עניי וחלצני
כי תורתך לא שכחתי:
154 ריבה ריבי וגאלני
לאמרתך חיני:
קנה רחוק מרשעים ישועה
כי חקיך לא דרשו:
156 רחמיך רבים יהוה
כמשפטיך חיני:
157 רבים רדפי וצרי
מעדותיך לא נטיתי:
158 ראיתי בגדים ואתקוטטה
119 אשר אמרתך לא שמרו:
159 ראה כי פקודיך אהבתי
יהוה כחסדך חיני:
קס ראש דבריך אמת
ולעולם כל משפט צדקך:

161 שרים רדפוני חנם
ומדבריך פחד לבי:
162 שש אנכי על אמרתך
כמוצא שלל רב:
163 שקר שנאתי ואתעבה
תורתך אהבתי:
164 שבע ביום הללתיך
על משפטי צדקך:
קסה שלום רב לאהבי תורתך
ואין למו מכשול:
166 שברתי לישועתך יהוה
ומצותיך עשיתי:
167 שמרה נפשי עדתיך
ואהבם מאד:
168 שמרתי פקודיך ועדתיך
כי כל דרכי נגדך:

169 תקרב רנתי לפניך יהוה
כדברך הבינני:
קע תבוא תחנתי לפניך
כאמרתך הצילני:
171 תבענה שפתי תהלה
כי תלמדני חקיך:
172 תען לשוני אמרתך
כי כל מצותיך צדק:
173 תהי ידך לעזרני
כי פקודיך בחרתי:
174 תאבתי לישועתך יהוה
ותורתך שעשעי:
קעה תחי נפשי ותהללך
ומשפטך יעזרני:
176 תעיתי כשה אבד
בקש עבדך
כי מצותיך לא שכחתי:

120,א שיר המעלות
אל יהוה בצרתה לי

I20 קראתי ויענני:

2 יהוה הצילה נפשי
משפת שקר מלשון רמיה:
3 מה יתן לך ומה יסיף לך
לשון רמיה:
4 חצי גבור שנונים
עם גחלי רתמים:

ה אויה לי כי גרתי משך
שכנתי עם אהלי קֵדָר:
6 רבת שכנה לה נפשי
עם שונא שלום:
7 אני שלום וכי אֲדבר
המה למלחמה:

I21,א שיר למעלות
אשא עיני אל ההרים
מאין יבא עזרי:
2 עזרי מעם יהוה
עשה שמים וארץ:

3 אל יתן למוט רגלך
אל ינום שמרך:
4 הנה לא ינום ולא יישן
שומר ישראל:

ה יהוה שמרך יהוה צלך
על יד ימינך:
6 יומם השמש לא יַכֶּכּה
וירַח בלילה:

7 יהוה ישמרך מכל רע
ישמר את נפשך:
8 יהוה ישמר צאתך ובואך
מעתה ועד עולם:

I22,א שיר המעלות לדוד
שמחתי באמרים לי
בית יהוה נלך:

2 עמדות היו רגלינו

I22 בשעריִך ירושלם:
3 ירושלם הבנויה כעיר
שחֻברה לה יחדו:

4 ששם עלו שבטים
שבטי יה עדות לישראל
להדות לשם יהוה:
ה כי שמה ישבו כסאות למשפט
כסאות לבית דוד:

6 שאלו שלום ירושלם
ישליו אהביך:
7 יהי שלום בחילך
שלוה בארמנותיך:

8 למען אחי ורעי
אֲדברה נא שלום בך:
9 למען בית יהוה אלהינו
אבַקשה טוב לך:

I23,א שיר המעלות
אליך נשאתי את עיני
הישבי בשמים:
2 הנה כעיני עבדים אל יד אדוניהם
כעיני שפחה אל יד גברתה
כן עינינו אל יהוה אלהינו
עד שיחננו:

3 חננו יהוה חננו
כי רב שבענו בוז:
4 רבת שבעה לה נפשנו
הלעג ‹ל›שאננים הבוז לַגְּאֵ‹י›ונים:

I24,א שיר המעלות לדוד
לולי יהוה שהיה לנו
יאמר נא ישראל:
2 לולי יהוה שהיה לנו
בקום עלינו אדם:
3 אזַי חיים בלעונו
בחרות אפם בנו:
4 אזי המים שטפונו
נחלה עבר על נפשנו:

ה,124 אזי עבר על נפשנו
המים הזידונים:

6 ברוך יהוה שלא נתננו
טרף לשניהם:
7 נפשנו כצפור נמלטה מפח יוקשים
הפח נשבר ואנחנו נמלטנו:
8 עזרנו בשם יהוה
עשה שמים וארץ:

א,125 שיר המעלות
הבטחים ביהוה כהר ציון
לא ימוט לעולם ישב:
2 ירושלם הרים סביב לה
ויהוה סביב לעמו
מעתה ועד עולם:
3 כי לא ינוח שבט הרשע
על גורל הצדיקים
למען לא ישלחו הצדיקים
בעולתה ידיהם:

4 היטיבה יהוה לטובים
ולישרים בלבותם:
ה והמטים עקלקלותם
יוליכם יהוה את פעלי האון
שלום על ישראל:

א,126 שיר המעלות
בשוב יהוה את שבית[12] ציון
היינו כחלמים:
2 אז ימלא שחוק פינו
ולשוננו רנה
אז יאמרו בגוים
הגדיל יהוה לעשות עם אלה:
3 הגדיל יהוה לעשות עמנו
היינו שמחים:

4 שובה יהוה את שבותנו
* * * כאפיקים בנגב:
ה הזרעים בדמעה
ברנה יקצרו:
6 הלוך ילך ובכה ·· משך הזרע

126 בא יבא ברנה נשא אלמתיו:

א,127 שיר המעלות לשלמה
אם יהוה לא יבנה בית
שוא עמלו בוניו בו
אם יהוה לא ישמר עיר
שוא שקד שומר:
2 שוא לכם משכימי קום מאחרי שבת
אכלי לחם העצבים
כן יתן לידידו שנא:

3 הנה נחלת יהוה בנים
שכר פרי הבטן:
4 כחצים ביד גבור
כן בני הנעורים: [מהם
ה אשרי הגבר אשר מלא את אשפתו
לא יבשו כי ידברו את אויבים בשער:

א,128 שיר המעלות
אשרי כל ירא יהוה
ההלך בדרכיו:
2 יגיע כפיך כי תאכל
אשריך וטוב לך:

3 אשתך כגפן פריה
בירכתי ביתך
בניך כשתלי זיתים
סביב לשלחנך:
4 הנה כי כן יברך
גבר ירא יהוה:
ה יברכך יהוה מציון
וראה בטוב ירושלם
כל ימי חייך:
6 וראה בנים לבניך
שלום על ישראל:

א,129 שיר המעלות
רבת צררוני מנעורי
יאמר נא ישראל:
2 רבת צררוני מנעורי
גם לא יכלו לי:

129,3 על גבי חרשו חרשים
האריכו למענותם:
4 יהוה צדיק
קצץ עבות רשעים:
ה יבשו ויסגו אחור
כל שנאי ציון:
6 יהיו כחציר גגות
שקדמת ׳חלף יבש:
7 שלא מלא כפו קוצר
וחצנו מעמר:
8 ולא אמרו העברים
ברכת יהוה אליכם
ברכנו אתכם בשם יהוה:

130,א שיר המעלות
ממעמקים קראתיך יהוה:
2 אדני שמעה בקולי
תהיינה אזניך קשבות
לקול תחנוני:
3 אם עונות תשמר יה
אדני מי יעמד:
4 כי עמך הסליחה
למען תורא:
ה קויתי ׳ליהוה קותה נפשי
ולדברו הוחלתי:
6 נפשי לאדני
משמרים לבקר ׳שמרים לבקר:
7 יחל ישראל אל יהוה
כי עם יהוה החסד
והרבה עמו פדות:
8 והוא יפדה את ישראל
מכל עונותיו:

131,א שיר המעלות לדוד
יהוה לא גבה לבי
ולא רמו עיני
ולא הלכתי בגדלות
ובנפלאות ממני:
2 אם לא שויתי ודוממתי נפשי
כגמל עלי אמו
131 כגמל עלי נפשי:
3 יחל ישראל אל יהוה
מעתה ועד עולם:

132,א שיר המעלות
זכור יהוה לדוד
את כל ענותו:
2 אשר נשבע ליהוה
נדר לאביר יעקב:
3 אם אבא באהל ביתי
אם אעלה על ערש יצועי:
4 אם אתן שנת לעיני
לעפעפי תנומה:
ה עד אמצא מקום ליהוה
משכנות לאביר יעקב:
6 הנה שמענוה באפרתה
מצאנוה בשדי יער:
7 נבואה למשכנותיו
נשתחוה להדם רגליו:
8 קומה יהוה למנוחתך
אתה וארון עזך:
9 כהניך ילבשו צדק
וחסידיך ירננו:

י בעבור דוד עבדך
אל תשב פני משיחך:
11 נשבע יהוה לדוד
אמת לא ישוב ממנה
מפרי בטנך
אשית לכסא לך:
12 אם ישמרו בניך בריתי
ועדתי זו אלמדם
גם בניהם עדי עד
ישבו לכסא לך:
13 כי בחר יהוה בציון
אוה למושב לו:
14 זאת מנוחתי עדי עד
פה אשב כי אויתיה:
טו צידה ברך אברך
אביוניה אשביע לחם:
16 וכהניה אלביש ישע
וחסידיה רנן ירננו:

132,17 שם אצמיח קרן לדוד
ערכתי נר למשיחי:
18 אויביו אלביש בשת
ועליו יציץ נזרו:

133,א שיר המעלות לדוד
הנה מה טוב ומה נעים
שבת אחים גם יחד:
2 כשמן הטוב על הראש
ירד על הזקן זקן אהרן
שירד על פי מדותיו:
3 כטל חרמון שירד על הררי ציון
כי שם צוה יהוה את הברכה
חיים עד העולם:

134,א שיר המעלות
הנה ברכו את יהוה כל עבדי יהוה
העמדים בבית יהוה בלילות:
2 שאו ידכם קדש
וברכו את יהוה:
3 יברכך יהוה מציון
עשה שמים וארץ:

135,א הללויה
הללו את שם יהוה
הללו עבדי יהוה:
2 שעמדים בבית יהוה
בחצרות בית אלהינו:
3 הללו יה כי טוב יהוה
זמרו לשמו כי נעים:
4 כי יעקב בחר לו יה
ישראל לסגלתו:
ה כי אני ידעתי כי גדול יהוה
ואדנינו מכל אלהים:
6 כל אשר חפץ יהוה עשה
בשמים ובארץ בימים וכל תהמות:
7 מעלה נשאים מקצה הארץ
ברקים למטר עשה
מוצא רוח מאוצרותיו:
8 שהכה בכורי מצרים
135 מאדם עד בהמה:
9 שלח אותת ומפתים בתוככי מצרים
בפרעה ובכל עבדיו:
י שהכה גוים רבים
והרג מלכים עצומים:
11 לסיחון מלך האמרי
ולעוג מלך הבשן
ולכל ממלכות כנען:
12 ונתן ארצם נחלה
נחלה לישראל עמו:
13 יהוה שמך לעולם
יהוה זכרך לדר ודר:
14 כי ידין יהוה עמו
ועל עבדיו יתנחם:
טו עצבי הגוים כסף וזהב
מעשה ידי אדם:
16 פה להם ולא ידברו
עינים להם ולא יראו:
17 אזנים להם ולא יאזינו
אף אין יש רוח בפיהם:
18 כמוהם יהיו עשיהם
כל אשר בטח בהם:
19 בית ישראל ברכו את יהוה
בית אהרן ברכו את יהוה:
כ בית הלוי ברכו את יהוה
יראי יהוה ברכו את יהוה:
21 ברוך יהוה מציון
שכן ירושלם
הללויה:

136,א הודו ליהוה כי טוב
כי לעולם חסדו:
2 הודו לאלהי האלהים
כי לעולם חסדו:
3 הודו לאדני האדנים
כי לעולם חסדו:
4 לעשה נפלאות גדלות לבדו
כי לעולם חסדו:
ה לעשה השמים בתבונה
כי לעולם חסדו:
6 לרוקע הארץ על המים
כי לעולם חסדו:
7 לעשה אורים גדלים

136 כי לעולם חסדו:
8 את השמש לממשלת ביום
כי לעולם חסדו:
9 את הירח וכוכבים לממשלות בלילה
כי לעולם חסדו:
י למכה מצרים בבכוריהם
כי לעולם חסדו:
11 ויוצא ישראל מתוכם
כי לעולם חסדו:
12 ביד חזקה ובזרוע נטויה
כי לעולם חסדו:
13 לגזר ים סוף לגזרים
כי לעולם חסדו:
14 והעביר ישראל בתוכו
כי לעולם חסדו:
טו ונער פרעה וחילו בים סוף
כי לעולם חסדו:
16 למוליך עמו במדבר
כי לעולם חסדו:
17 למכה מלכים גדלים
כי לעולם חסדו:
18 ויהרג מלכים אדירים
כי לעולם חסדו:
19 לסיחון מלך האמרי
כי לעולם חסדו:
כ ולעוג מלך הבשן
כי לעולם חסדו:
21 ונתן ארצם לנחלה
כי לעולם חסדו:
22 נחלה לישראל עבדו
כי לעולם חסדו:
23 שבשפלנו זכר לנו
כי לעולם חסדו:
24 ויפרקנו מצרינו
כי לעולם חסדו:
כה נתן לחם לכל בשר
כי לעולם חסדו:
26 הודו לאל השמים
כי לעולם חסדו:

137,א על נהרות בבל
שם ישבנו גם בכינו
בזכרנו את ציון:
137,2 על ערבים בתוכה
תלינו כנרותינו:
3 כי שם שאלונו
שובינו דברי שיר
ותוללינו שמחה
שירו לנו משיר ציון:
4 איך נשיר את שיר יהוה
על אדמת נכר:
ה אם אשכחך ירושלם
תשכח ימיני:
6 תדבק לשוני לחכי
אם לא אזכרכי
אם לא אעלה את ירושלם
על ראש שמחתי:

7 זכר יהוה לבני אדום
את יום ירושלם
האמרים ערו ערו
עד היסוד בה:
8 בת בבל השדודה
אשרי שישלם לך
את גמולך שגמלת לנו:
9 אשרי שיאחז ונפץ
את עלליך אל הסלע:

138,א לדוד
אודך בכל לבי
נגד אלהים אזמרך:
2 אשתחוה אל היכל קדשך
ואודה את שמך על חסדך ועל אמתך
כי הגדלת על כל שמך אמרתך:
3 ביום קראתי ותענני
תרהבני בנפשי עז:

4 יודוך יהוה כל מלכי ארץ
כי שמעו אמרי פיך:
ה וישירו בדרכי יהוה
כי גדול כבוד יהוה:
6 כי רם יהוה ושפל יראה
וגבה ממרחק ידע:

7 אם אלך בקרב צרה תחיני
על אף איבי תשלח ידך

138 ותושיעני ימינך:
8 יהוה יגמר בעדי
יהוה חסדך לעולם
מעשי ידיך אל תֶּרֶף:

139,א למנצח לדוד מזמור
יהוה חקרתני ותדע:
ב אתה ידעת שבתי וקומי
בנתה לרַעי מרחוק:
3 ארחי ורבעי זֵרית
וכל דרכי הסכנתה:
4 כי אין מלה בלשוני
הן יהוה ידעת כלה:
ה אחור וקדם צרתני
ותָּשֶׁת עלי כפכה:
6 פלאיה דעת ממני
נשגבה לא אוכל לה:

7 אנה אלך מרוחך
ואנה מפניך אברח:
8 אם אסק שמים שם אתה
ואציעה שאול הנך:
9 אשא כנפי שחר
אשכנה באחרית ים:
י גם שם ידך תַנחני
ותאחזני ימינך:
11 ואֹמר אך חשך י·שו·פ·ני
ולילה אור בעדֵני:
12 גם חשך לא יחשיך ממך
ולילה כיום יאיר
כחשיכה כאורה:

14 אודך על כי נוראות נפלית·ה·
נפלאים מעשיך
ונפשי ידעת מאד:
13 כי אתה קנית כליתי
תסֻכֵּני בבטן אמי:
טו לא נכחד עצמי ממך
אשר עֻשֵּׂיתי בסֵּתר
רֻקמתי בתחתיות ארץ ׀
16 גלמי ראו עיניך·:·
* * * * *
ועל ספרך כֻּלם יכתבו

139 ·טר·ם יצר·· ולא אחד בהם:
17 ולי מה יקרו רעיך אל
מה עצמו ראשיהם:
18 אספרם מחול ירבון
הקיצֹתי ועודי עמך:

19 אם תקטל אלוה רשע
ואנשי דמים סורו מני:
כ אשר ימרוך ·למזמה·
נשוא לשוְא ·שמ·ך:
21 הלוא משַׂנאיך יהוה אשנא
וב·מ·תקוממיך אתקו·מם·:
22 תכלית שנאה שנֵאתים
לאויבים היו לי:
23 חקרני אל ודע לבבי
בחנני ודע שרעפי:
24 וראה אם דרך עצב בי
ונחני בדרך עולם:

140,א למנצח מזמור לדוד:
2 חלצני יהוה מאדם רע
מאיש חמסים תנצרני:
3 אשר חשבו רעות בלב
כל יום י·ָגֻ·רו מלחמות:
4 שננו לשונם כמו נחש
חמת עכשוב תחת שפתימו סלה:
ה שמרני יהוה מידי רשע
מאיש חמסים תנצרני
אשר חשבו לדחות פעמי:
6 טמנו גֵאים פח לי וחבלים
פרשו רשת ליד מעגל
מקשים שתו לי סלה:
7 אמרתי ליהוה אלי אתה
האזינה יהוה קול תחנוני:
8 יהוה אדני עז ישועתי
סכותה לראשי ביום נשק:
9 אל תתן יהוה מאוַיי רשע
זממו אל תָּפֵק [2]סלה·:·
י ·ירומו ׀ ראש מסִבי
עמל שפתימו יכסֻמו:
11 ימיט·· עליהם גחלים
בָּאֵש יפִּלם
במהמֹרות בל יקומו:

140,12 איש לשון בל יכון בארץ
איש חמס רע יצודנו למדחֵפֹת:
13 ידעת כי יעשה יהוה
דין עני משפט אבינים:
14 אך צדיקים יודו לשמך
ישבו ישרים את פניך:

141,א מזמור לדוד
יהוה קראתיך חושה לי
האזינה קולי בקראי לך:
2 תכּון תפלתי קטׂרת לפניך
משׂאת כפי. מנחת ערב:
3 שיתה יהוה שמרה לפי
נצרה על דל שפתי:
4 אל תַּט לבי לדבר רע
להתעולל עֲלִלות ברשע
את אישים פעלי און
ובל אלחם במנעמיהם:
ה יהלמני צדיק חסד
ויוכיחני שמן ראש
אל יני ראשי . . . . .
ותפלתי ברעותיהם:
6 נשמטו בידי סלע שפטיהם
ושמעו אמרי כי נעֵמו:
7 כמו פלח ובקע בארץ
נפזרו עצמינו לפי שאול:
8 * * * כי אליך יהוה אדני עיני
בכה חסיתי אל ‹תער› נפשי:
9 שמרני מידי פח יקשו לי
ומקשות פעלי און:
י יפלו במכמרי‹הם› רשעים
יחד אנכי עד אעבור:

142,א משכיל לדוד בהיותו במערה תפלה:
2 קולי אל יהוה אזעק
קולי אל יהוה אתחנן:
3 אשפך לפניו שיחי
צרתי לפניו אגיד |
בהתעטף עלי רוחי:
4 ואתה ידעת נתיבתי
בארח זו אהלך
טמנו פח לי:

142,ה הביט ימין וראה ‹שמאל› []
אבד מנוס ממני
אין דורש לנפשי[a]:
6 זעקתי אליך יהוה
אמרתי אתה מחסי
חלקי בארץ החיים:
7 הקשיבה אל רנתי
כי דלותי מאד
הצילני מרדפי
כי אמצו ממני:
8 הוציאה ממַסְגֵּר נפשי
להודות את שמך
בי יכתרו צדיקים
כי תגמל עלי:

143,א מזמור לדוד
יהוה שמע תפלתי
האזינה אל תחנוני
באמֻנתך ענני בצדקתך:
2 ואל תבוא במשפט את עבדך
כי לא יצדק לפניך כל חי:
3 כי רדף אויב נפשי
דכא לארץ חיתי
הושיבני במחשכים
כמֵתי עולם:
4 ותתעטף עלי רוחי
בתוכי ישתומם לבי:
ה זכרתי ימים מקדם
הגיתי בכל פעלך
במעשה ידיך אשוחח:
6 פֵּרשתי ידי אליך
נפשי כארץ עיֵפה לך סלה:
7 מהֵר ענני יהוה
כלתה רוחי
אל תַּסתר פניך ממני
ונמשלתי עם ירדי בור:
8 השמיעני בבקר חסדך
כי בך בטחתי
הודיעני דרך זו אלך

(a) "142,ה ואין לי מכיר

143 כי אליך נשאתי נפשי׃
9 הצילני מאיבי יהוה
אליך <ח>סיתי׃
י למדני לעשות רצונך
כי אתה אלוהי
רוחך טובה תַּנחני
בארץ מישור׃
11 למען שמך יהוה תחיני
בצדקתך תוציא מצרה נפשי׃
12 ובחסדך תצמית איבי
והאבדת כל צררי נפשי
כי אני עבדך׃

144,א לדוד
ברוך יהוה צורי
המלמד ידי לקרב
אצבעותי למלחמה׃
2 חסדי ומצודתי
משגבי ומפלטי לי
מגני ובו חסיתי
הרודד עמי<ם> תחתי׃
3 יהוה מה אדם ותדעהו
בן אנוש ותחשבהו׃
4 אדם להבל דמה
ימיו כצל עובר׃
ה יהוה הַט שמיך ותרד
גע בהרים ויעשנו׃
6 ברק ברק ותפיצם
שלח חציך ותהֻמם׃
7 שלח ידיך ממרום
פצני והצילני ממים רבים
מיד בני נֵכָר׃
8 אשר פיהם דבר שוא
וימינם ימין שקר׃

9 אלהים שיר חדש אשירה לך
בנבל עשור אזמרה לך׃
י הנותן תשועה למלכים
הפוצה את דוד עבדו מחרב רעה׃
11 פצני והצילני מיד בני נכר
אשר פיהם דבר שוא
וימינם ימין שקר׃
12 אשר בנינו כנטעים מגדלים בנעוריהם

144 בנותינו כזוית מחֻטבות תבנית היכל׃
13 מזו<נ>ינו מלאים מפיקים מזן אל זן
צאוננו מאליפות מרֻבבות בחוצותינו׃
14 אלופינו מסֻבלים אין פרץ
ואין יוצאת ואין צוחה ברחבתינו׃
טו אשרי העם שככה לו
אשרי העם שיהוה אלהיו׃

145,א תהלה לדוד
ארוממך אלוהי המלך
ואברכה שמך לעולם ועד׃
2 בכל יום אברכך
ואהללה שמך לעולם ועד׃
3 גדול יהוה ומהלל מאד
ולגדלתו אין חקר׃
4 דור לדור ישבח מעשיך
וגבורתיך יגידו׃
ה הדר כבוד הודך <י>דבר<ו> (1 4 3 2 5)
נפלאתיך אשיחה׃
6 ועזוז נוראתיך יאמרו
וגדלותיך אספרנה׃
7 זכר רב טובך יביעו
וצדקתך ירננו׃
8 חנון ורחום יהוה
ארך אפים וגדול חסד׃
9 טוב יהוה לכל
ורחמיו על כל מעשיו׃
י יודוך יהוה כל מעשיך
וחסידיך יברכוכה׃
11 כבוד מלכותך יאמרו
וגבורתך ידברו׃
12 להודיע לבני האדם גבורתיו
וכבוד הדר מלכותו׃
13 מלכותך מלכות כל עלמים
וממשלתך בכל דור ודר׃
<נ> * * * * *
* * * * * *׃
14 סומך יהוה לכל הנפלים
וזוקף לכל הכפופים׃
טו עיני כל אליך ישברו
ואתה נותן להם את אכלם בעתו׃
16 פותח את ידך
ומשביע לכל חי רצון׃

145,17 צדיק יהוה בכל דרכיו
וחסיד בכל מעשיו:
18 קרוב יהוה לכל קראיו
לכל אשר יקראהו באמת:
19 רצון יראיו יעשה
ואת שועתם ישמע ויושיעם:
כ שומר יהוה את כל אהביו
ואת כל הרשעים ישמיד:
21 תהלת יהוה ידבר פי
ויברך כל בשר
שם קדשו לעולם ועד:

146,א הללויה
הללי נפשי את יהוה:
2 אהללה יהוה בחיי
אזמרה לאלהי בעודי:
3 אל תבטחו בנדיבים
בבן אדם שאין לו תשועה:
4 תצא רוחו ישב לאדמתו
ביום ההוא אבדו עשתנתיו:
ה אשרי שאל יעקב בעזרו
שברו על יהוה אלהיו:

6 עשה שמים וארץ
את הים ואת כל אשר בם
השמר אמת לעולם:
7 עשה משפט לעשוקים
נתן לחם לרעבים
יהוה מתיר אסורים:
8 יהוה פקח עורים
יהוה זקף כפופים
יהוה אהב צדיקים:
9 יהוה שמר את גרים
יתום ואלמנה יעודד
ודרך רשעים יעות:
י ימלך יהוה לעולם
אלהיך ציון לדר ודר
הללויה:

147,א הללויה כי טוב
זמרה אלהינו כי נעים
נאוה תהלה:

147,2 בונה ירושלם יהוה
נדחי ישראל יכנס:
3 הרופא לשבורי לב
ומחבש לעצבותם:
4 מונה מספר לכוכבים
לכלם שמות יקרא:
ה גדול אדנינו ורב כח
לתבונתו אין מספר:
6 מעודד ענוים יהוה
משפיל רשעים עדי ארץ:

7 ענו ליהוה בתודה
זמרו לאלהינו בכנור:
8 המכסה שמים בעבים
המכין לארץ מטר
המצמיח הרים חציר:
9 נותן לבהמה לחמה
לבני ערב אשר יקראו:
י לא בגבורת הסוס יחפץ
לא בשוקי האיש ירצה:
11 רוצה יהוה את יראיו
את המיחלים לחסדו:

12 שבחי ירושלם את יהוה
הללי אלהיך ציון:
13 כי חזק בריחי שעריך
ברך בניך בקרבך:
14 השם גבולך שלום
חלב חטים ישביעך:
טו השלח אמרתו ארץ
עד מהרה ירוץ דברו:
16 הנתן שלג כצמר
כפור כאפר יפזר:
17 משליך קרחו כפתים
לפני קרתו מי יעמד:
18 ישלח דברו וימסם
ישב רוחו יזלו מים:
19 מגיד דברו ליעקב
חקיו ומשפטיו לישראל:
כ לא עשה כן לכל גוי
ומשפטים בל ידעום
הללויה:

א,148 הללויה

הללו את יהוה מן השמים
הללוהו במרומים׃
2 הללוהו כל מלאכיו
הללוהו כל צבאו׃
3 הללוהו שמש וירח
הללוהו כל כוכבי אור׃
4 הללוהו שמי השמים
והמים אשר מעל השמים׃
ה יהללו את שם יהוה
כי הוא צוה ונבראו׃
6 ויעמידם לעד לעולם
חק נתן ולא יעבור׃

7 הללו את יהוה מן הארץ
תנינים וכל תהמות׃
8 אש וברד שלג וקיטור
רוח סערה עשה דברו׃
9 ההרים וכל גבעות
עץ פרי וכל ארזים׃
י החיה וכל בהמה
רמש וצפור כנף׃
11 מלכי ארץ וכל לאמים
שרים וכל שפטי ארץ׃
12 בחורים וגם בתולות
זקנים עם נערים׃
13 יהללו את שם יהוה
כי נשגב שמו לבדו
הודו על ארץ ושמים׃
14 וירם קרן לעמו
תהלה לכל חסידיו
לבני ישראל עם קרבו
הללויה׃

א,149 הללויה

שירו ליהוה שיר חדש
תהלתו בקהל חסידים׃
2 ישמח ישראל בעשיו
בני ציון יגילו במלכם׃
3 יהללו שמו במחול
בתף וכנור יזמרו לו׃
4 כי רוצה יהוה בעמו
יפאר ענוים בישועה׃
ה יעלזו חסידים בכבוד
ירננו על משכבותם׃
6 רוממות אל בגרונם
וחרב פיפיות בידם׃
7 לעשות נקמה בגוים
תוכחות בלאמים׃
8 לאסר מלכיהם בזקים
ונכבדיהם בכבלי ברזל׃
9 לעשות בהם משפט כתוב
הדר הוא לכל חסידיו
הללו יה׃

א,150 הללויה

הללו אל בקדשו
הללוהו ברקיע עזו׃
2 הללוהו בגבורתיו
הללוהו כרב גדלו׃
3 הללוהו בתקע שופר
הללוהו בנבל וכנור׃
4 הללוהו בתף ומחול
הללוהו במנים ועגב׃
ה הללוהו בצלצלי שמע
הללוהו בצלצלי תרועה׃
6 כל הנשמה תהלל יה
הללויה׃

Critical Notes on the Psalms

Book 1.

1 (4) לא כן is repeated after הרשעים by 𝔊 (οὐχ οὕτως οἱ ἀσεβεῖς, οὐχ οὕτως).

2 (2) יתיעצו, for 𝔐 יתיצבו, following LAGARDE, *Prophetae Chaldaice* (Lipsiae, 1872) p. xlvi.

(6) 𝔊 read נִסַּכְתִּי מלך and הר קדשו *but I have been set up as king on Zion, his holy mountain* (ἐγὼ δὲ κατεστάθην ὑπ' αὐτοῦ ἐπὶ Σειων ὄρος τὸ ἅγιον αὐτοῦ) thus avoiding any ambiguity as to the person speaking in vv. 6 and 7, the doubtful Qal נסך *set up*, and finally, the awkward beginning of JHVH's utterance with ו. On the other hand, הר קדשו would be very harsh. Besides, if v. 6 were not joined to v. 5, but to v. 7, the strophic arrangement, three verses to each stanza, would be disturbed. A certain decision is hardly possible.

(7) 𝔐 אל; read את.

(11) 𝔐 ונילו, is very suspicious; probably, לו (*to him*) should be repeated, following 𝔊 αὐτῷ.

(12) 𝔐 נשקו־בר is corrupt. It is not possible to translate *kiss the son*, because *son* in Hebrew is not בר, but בן (v. 6), and because in vv. 11.12 only JHVH is mentioned. It is useless to alter בר to בו; this simply produces fantastic Hebrew, from which it is not possible to get the desired meaning *submit yourselves to him*. 𝔊 δράξασθε παιδείας, 𝔗 (קבילו אולפנא) has also followed this translation. What text this presupposes cannot be determined with certainty, perhaps קחו מוסר.

3 (3) באלהיו (=𝔊 ἐν τῷ θεῷ αὐτοῦ) for 𝔐 באלהים is probably correct.

סלה is one of the musical notices in the liturgical redaction of the Psalter, but the meaning of the term has not been transmitted to us. It is always found *within* the hymns, usually at the close of a paragraph. Hence in 𝔊 διάψαλμα *interlude*.

4 (1) 𝔐 למנצח is not translatable; even the Ancient Versions did not understand it. Thus, 𝔊 εἰς τὸ τέλος, Θ and ψψ Sol. 8: εἰς τὸ νῖκος, 𝔗 לְשַׁבָּחָא *for praise*. Against the usual interpretation *For the Chief Musician* the objection has rightly been raised that it is unnecessary to state that this official had to be notified of what he was to perform.

4 𝔐 בנינות (only after למנצח) means *with string-music.*

(3) כבדי לב למה, as read by 𝔊 (ἕως πότε βαρυκάρδιοι; ἵνα τί ἀγαπᾶτε ματαιότητα), is to be preferred to 𝔐 כבודי לכלמה, as it is far more characteristic and better suited to the situation.

(4) חסדו לי, DYSERINCK (*Kritische Scholiën*, Leyden, 1878), for 𝔐 חסיד לו.

(9) Perhaps לְבַדָּךְ, instead of 𝔐 לבדד.

5 (1) 𝔐 נחילות is explained by the moderns as *flutes*, but this meaning cannot be established. 𝔗 על חינגין *for dances* (מְחלת); 𝔊, on the other hand, has ὑπὲρ τῆς κληρονομούσης (=אֶל־הַנַּחֲלַת), and similarly the other Ancient Versions.

(10) בפימו, for 𝔐 בפיהו, LAGARDE, *loc. cit.*

(11) יַפִּילוּם מעצותיהם, for 𝔐 יִפְּלוּ מִמֹּעֲצוֹתֵיהֶם, DYSERINCK, *loc. cit.*

(12) תסך, for 𝔐 ותסך.

(13) כצניף, or כַּצִּנְפָּה, for 𝔐 כַּצִּנָּה.

6 (1) על־השמינית, 𝔊 ὑπὲρ τῆς ὀγδόης, 𝔗 *on the* κινύρα *of eight strings* (על כנרא דתמניא נימיא). Probably the number of the *mode* (or key) is here indicated: *in the eighth mode.*

7 (1) שגיון; 𝔊 ψαλμός; Θ, ὑπὲρ ἀγνοίας (𝔍 *pro ignoratione*); 𝔄, ἀγνόημα; 𝔗 *praise* (תירנמא דאוריתא). — Instead of 𝔐 כוש, 𝔊 reads Χουσει=כושי.

(3) 𝔐 פרק ואין מציל, which is usually translated *rending it in pieces, while there is none to deliver.* פרק, however, means *tear out, redeem*; we should read, with 𝔊 (μὴ ὄντος λυτρουμένου), אין פרק, and before this יטרפו, in the plural.

(4) 𝔐 אם עשיתי זאת, and 𝔊 εἰ ἐποίησα τοῦτο, *if I have done this.* But זאת is hardly correct. It would have to refer to false accusations against the person who prays, but there is no allusion to such a thing; the enemies' weapon here is not slander.

(5) EWALD (*Poet. Bücher*³, p. 15) supposes that the original text ran somewhat as follows:

(a) אם גמלתי שלמי רע (c) וְשִׂנְאָה אֲשַׁלֵּם אֹהֲבַי
(b) אִם לֹא פְעַלְתִּיו טוֹב תַּחַת רָע (d) ואחלצה צוררי ריקם

(6) 𝔐 יִרַדֹּף.

(8) From ועורה (v. 7) on, the text is not everywhere trustworthy. שֻׁבָה for 𝔐 שׁוּבָה(?).

(10) At the end of v. 10 the text is not in order. Transposition of the last two lines may serve as a makeshift.

8 (1) We do not know whether גתית means here *belonging to the city of Gath,* which had probably been destroyed before the Babylonian exile, or *belonging to a wine-press*, or whether it denotes a mode or key, or a musical instrument. 𝔊 ὑπὲρ τῶν ληνῶν=𝔍 *pro torcularibus* (*i. e.* על־הַגִּתּוֹת), ΘΑ, ὑπὲρ τῆς γετθίτιδος, 𝔗 *on the* κινύρα *which David brought with him from Gath* (על כינורא דאייתי מגת).

(2) Not only תנה, but also אשר is false. The connection with the preceding phrase by *thou who* would be flat in English, and absolutely impossible here in Hebrew; just as על השמים corresponds to בכל הארץ, so the whole second sentence must be formed in correspondence with the first. It is hardly possible to determine how the original text read.

(9) עֹבְרֵי, for 𝔐 עבר.

9 (1) על מות לבן, 𝔊 ὑπὲρ τῶν κρυφίων (=עֲלָמוֹת); Θ, ἀκμῆς (=עֲלֻמוֹת); 𝔄, νεανιότητος; Σ, θανάτου τοῦ υἱοῦ, 𝔗 *on the death of Goliath* (על מיתותא דגברא די נפק מבינֵי משירייתא; — בן=אִישׁ הַבֵּנַיִם, 1 Sam. 17,4). This is, perhaps, the catch-word of some song, to the melody of which the Psalm was to be rendered.

9 (7) JHVH is addressed in נתשת, as in the corresponding verbs of the preceding verse. I read הֶעָרִים instead וערים, but this is only the minimum of change necessary for a possible translation; the genuine text is not thus restored. The lines of the verse are out of proportion. The connection of האויב with תמו, and that of המה with זכרם, is hardly possible. Perhaps המה is the beginning of a following sentence, המה אבדו ויהוה לעולם ישב.

(17) Read נֹקֵשׁ as perf. Nif'al instead of 𝔐 נוֹקֵשׁ, following 𝔊𝔖𝔗𝔄 (συνελήμφθη, ‎لل‎, מתקל רשעא‎, σκωλωθήσεται ὁ ἀσεβής).

(21) 𝔐 מורה; 𝔊 νομοθέτης; Θ, φόβος = מוֹרָא, like the Qᵉrê. Reading and sense are doubtful. *Put them in fear* is impossible, *cf.* Joel 2,23.

10 (2) בַּאֲוָתוֹ, OLSHAUSEN (*Psalmen*, Leipzig, 1853, p. 62); 𝔐 בגאות.

(3) 𝔐 הִלֵּל with עַל looks very suspicious; perhaps הוֹלֵל (?).

(5) יצליח, for 𝔐 יחילו. *Cf.* GRÄTZ, *Emendationes in plerosque Vet. Text. libros, ad loc.*

(6) אָשֵׁב, for 𝔐 אשר, OLSHAUSEN, *loc. cit.*

(8) 𝔐 חצרים (𝔊 μετὰ πλουσίων = בַּעֲשִׁירִים) is suspicious, as *villages* or *farms* would hardly suit the situation.

חלכה, vv. 8. 10. 14, is a strange and, as yet, unexplained word.

(9) Instead of 𝔐 בסכה (Qᵉrê בסכו) we must read, with LAGARDE, בְּסֻבְּכוֹ, and for 𝔐 יחטף, in the third line, we should read לחטף. 𝔐 ברשתו, at the end of the verse, may be a correction or interpretation of the preceding במשכו. This explanation of במשכו by ברשתו, however, is scarcely a correct one, as a net does not suit the figure of the lion, which is still retained in the following verse.

(10) The verse is too short and is unsymmetrical. 𝔐 עצומי, in the second line, cannot mean *the two hands* or *arms*; in such a case the feminine of the dual would be used, as in Eccl. 10,18 (עֲצַלְתַּיִם). The meaning is not clear.

(14) 𝔐 לתת לידך disturbs the form of the verse; it does not go with the preceding תביט, but with the following יעזב, and is, perhaps, an explanatory gloss. At the end, עוזרו is necessary, with the 3 p. masc. sing. suffix as complement to the preceding nominative absolute יתום.

(15) 𝔐 ורע תדרוש רשעו בל תמצא, which is supposed to mean: *if thou seekest the wickedness of the evil man, thou wilt not find it*. This continuation of the words addressed to JHVH, *break thou the arm of the wicked*, is quite impossible. Besides, it is *a priori* improbable that דרש has a different meaning here from that in 9, 13; 10, 4.

(17) לִבְּךָ, instead of 𝔐 לִבָּם.

[*Cf.* T. K. ABBOTT, *On the alphabetical arrangement of the ninth and tenth psalms* in his *Essays chiefly on the original texts of the Old and New Testaments* (London, 1891) pp. 200-207 (reprinted from *Hermathena*, 1889, pp. 21-28); T. K. CHEYNE, *Origin of the Psalter*, 1891, p. 228].

11 (1) The plural imperative נודו can be explained, if this be a proverb. צפור is a collective.

(3) יפעל, for 𝔐 פעל, OLSHAUSEN.

(5) יבחר, or יחן, for 𝔐 יבחן; *cf.* יבחנו, v. 4.

(6) פָּחִם, for 𝔐 פחים, OLSHAUSEN.

(7) ישרים, for 𝔐 ישר; and פניו, for 𝔐 פנימו.

12 (2) As אמונים is an abstract, we must also read the abstract חסד in the parallel, instead of the concrete חסיד of 𝔐; the favorite combination חסד ואמת is dissolved here by the parallelism.

For 𝔐 פסו, LAGARDE, *loc. cit.* has rightly suggested אָפְסוּ.

12 (5) הנביר, as in Dan. 9,27; 𝔐 נגביר.
   (6) יפיה לי, for 𝔐 לו.
   (7) בעליל לארץ is unintelligible to us, because we do not know the process which was used in melting metals, nor the technical terms referring to it. בעליל ארץ is no improvement. Our translation (*melted in an earthen melting pot*) is a make-shift.
   (8) תשמרנו, for 𝔐 תשמרם, following 𝔊 (φυλάξεις ἡμᾶς).
   (9) OLSH. rightly questions the position of v. 9; BICKELL (*Carmina Veteris Testamenti metrice*, Oeniponte, 1882) tries to help the matter by transposing 8 and 9. The text of the second hemistich (v. 9ᵇ) is very suspicious.

13 (3) יום יום, for 𝔐 יוֹמָם, LAGARDE.

14 (4) יָדְעוּ, instead of 𝔐 יָרְעוּ, following 𝔊 οὐχὶ γνώσονται; and אֲבוֹל, instead of 𝔐 אָכְלוּ; 𝔊 βρώσει ἄρτου.
   (5) For 𝔐 שָׁם cf. 36,13.

15 (4) 𝔐 נמאס is hardly correct; 𝔊 πονηρευόμενος.
   𝔐 נשבע להרע is generally understood as an abbreviation for גשבע להרע או להיטיב, Lev. 5,4, = *he swears to do anything*. Such an abbreviation seems to us very strange; a similar case appears, however, in 39,3. 𝔊 ὁ ὀμνύων τῷ πλησίον αὐτοῦ; but whether 𝔊 really read לרעהו is doubtful.

16 (1) מכתם (ψψ 56-60), 𝔊 στηλογραφία; ΑΣ, τοῦ ταπεινόφρονος καὶ ἁπλοῦ (or ἀμώμου = תם + מך *humilis et simplex*); 𝔗 in ψψ 56-60 just as ΑΣ, but here נליפא תריצא.
   (2) אמרתי, for 𝔐 אמרת following 𝔊 εἶπα, 𝔖 ܐܡܪܬ.
   (2.3) בל־עליך לקרושים, for 𝔐 בליעל כל קרושים. Also בחרו, for 𝔐 בארץ; ואדירים בלם, for 𝔐 ואדירי כל; חפצו, and for 𝔐 חפצי.
   (4) ירצו, for 𝔐 ירבו; and אחרים for 𝔐 אַחַר קָ(הָרוּ); הרו is perhaps אני.
   (5) תסיר, for 𝔐 תומיך, HITZIG, DYSERINCK.
   (6) נחלתי, for 𝔐 נחלת.

17 (3) The last sentence is not well adapted to the form of the verse, which is itself not very symmetrical. Moreover, the tenor of the sentence is suspicious, for God certainly does try not merely deeds and words, but also thoughts. לפעלות v. 4, must be joined to v. 3, but merely as a gloss, for otherwise we should require לבי for פי (73,6): *my thoughts pass not from my heart to deeds*.
   (4) The first line of 𝔐 reads אדם בדבר שפתיך [לפעלות], but, here, both subject and predicate are lacking, *i. e.* we need a verb, to be sought in 𝔐 אדם, with some such sense as *I cling to, I conform*. The second line, as it occurs in 𝔐, can only be understood as: *I walk steadfastly in the paths of the violent*. As such an interpretation is just the opposite of what was intended, we must read נשמרתי, for 𝔐 אני שמרתי, and מארחות, for 𝔐 ארחות.
   (5) תסכו, for 𝔐 תמך, although the inf. abs. is certainly sometimes used for the finite verb, *e. g.* in Eccl. 8,9; 9,11 &c.
   (7) The form of the verse is questionable.
   (8) בְּבָת עַיִן, for 𝔐 בת עין, OLSHAUSEN.
   (10) חלב לבמו, for 𝔐 חלבמו, DYSERINCK.
   (11) אשרנו is unintelligible. There is no object at the end for לנטות.
   (14) The verse begins with מרשע חרבך, which is coordinate with ממתים ידך. Each of the two divisions of the verse is sufficient in itself to form an independent verse. The first was combined with the second, only because it was unintelligible and probably mutilated.

17 (15) The Ancient Versions rightly regard תמונתך as the subject of 𝔐 הקיץ. 𝔊Θ, ἐν τῷ ὀφθῆναι τὴν δόξαν σου; ἈΣ, ἐν τῷ ἐξυπνισθῆναι ὁμοιώσεως σου.

18 (2) OLSHAUSEN suggested ארוממך, for 𝔐 ארחמך; not necessary.
(12) עָבֵי, or עֲבִי, for 𝔐 עָבֵי.
(14) 𝔐 ברד וגחלי אש, to be canceled here, following 𝔊 and 2 Sam. 22.
(30) אָרֻץ, for 𝔐 אָרֻץ, LAGARDE.
(36) עֶזְרָתְךָ, for 𝔐 ענותך, OLSHAUSEN.
(43) For 𝔐 אריקם, read either ארקעם, or אדיקם, both following 2 Sam. 22.
(44) עַמִּי, for 𝔐 עם, following 2 Sam. 22.
(46) יִבְלוּ, or יִכְלוּ, would be more intelligible than 𝔐 יבלו.

19 (4) Verse 4 is a gloss (OLSHAUSEN).
(5) קולם for 𝔐 קַוָּם. Between מליהם and לשמש is a *lacuna*.

20 (6) נגדיל, or נגדל, following 𝔊 μεγαλυνθησόμεθα, for 𝔐 נדגל. The last line drags. It is, perhaps, an explanatory gloss to v. 5^b.
(7) 𝔐 עתה has no point of connection in what precedes; we fail to see what new event can have happened between v. 6 and v. 7.
(8) 𝔐 הזכיר cannot be construed with ב, and excites suspicion.
(10) Read ועננו (𝔊 καὶ ἐπάκουσον ἡμῶν) for 𝔐 יעננו.

21 (10) The suffix in לעת פניך cannot refer to JHVH, but only to the king, as is the case everywhere else in vv. 9-13. The expression, however, is strange. It arose, perhaps, from את פניך, v. 7.

22 (1) על אילת השחר is probably the catch-word of an old song, to the tune of which the Psalm was to be sung. In English: *Hind of the Dawn*. OLSH. supposed that the dawn was represented as a deer chased by the sun. The fact, however, that שחר is masc. and אילת fem. militates against this.
(2) מְשַׁוְּעָתִי, for 𝔐 מִישׁוּעָתִי, HITZIG (*Psalmen*, Leipzig, 1863, p. 130).
(9) יָגֹל, for 𝔐 גֹּל. Neither the imperative nor the perfect is appropriate, for גל does not mean *he trusted*.
(10) גֹּזִי, for 𝔐 גֹחִי; and מִבְטָחִי for 𝔐 מבטיחי, following 𝔊 (ὁ ἐκσπάσας με and ἡ ἐλπίς μου), and 71,5.6. The explanation *thou didst fill me with confidence at my mother's breast*, (following the *Schülerscene* in Gœthe's *Faust*: *so nimmt ein Kind der Mutter Brust*, &c.), may be highly subtle, but is incorrect. It would only be suitable here if the poet were speaking of a real child.
(14) The *enemies* (35,21) must be the subject of פצו; not the *bulls*.
(16) חִכִּי, for 𝔐 כחי, EWALD.
(17) According to OLSH.'s conjecture, כארי is a (correct) correction for אריה, v. 14, and ידי ורגלי is a (correct) explanatory gloss to עצמותי, v. 15. We could, however, explain more readily how these words crept into v. 17 from the margin, if we assume that v. 17 originally preceded v. 14 [*cf.* LAGARDE, *Orientalia*, part. ii (Göttingen, 1880), p. 64]. By the transposition of v. 17, no *lacuna* arises, but, on the contrary, a better connection between v. 16 and v. 18. To understand the המה of v. 18, *i. e.* the people looking on with malicious joy, as referring to the *dogs* and *evil-doers* of v. 17 is not good, but, if the verses be transposed, we obtain a suitable subject for פצו of v. 14, and we have no longer the idea of the bulls gaping with their mouths instead of attacking with their horns as in v. 22.
(22) עֲנִיָּתִי, for 𝔐 עניתני, J. F. THRUPP (*Introduction to the Study and Use of the Psalms*, Cambridge, 1860) following 25,16; it corresponds to יחידתי in the preceding verse.
(30) אַךְ לוֹ ישתחוו, for 𝔐 אכלו וישתחוו. In the following clause, strike out 𝔐 כל יורדי

22 and ﬩ וגפשו לא חיה. These words are probably due to an ancient but incorrect
    reading, כל ישני, (all that sleep=all the dead) for כל דשני.
(31.32) The division of the verses in ﬩ is bad: לדור יבאו go together; 𝔊 γενεά ή ἐρχομένη.
    For ﬩ יעבדונו, read עבדיו; for ﬩ יְסֻפַּר, point יְסַפֵּר.

23 (2) אל=על, as often; cf. 42,3.
    (6) וישבתי, for ﬩ ושבתי.

24 (4) The Qᵉrê takes נפשי (myself) in the sense of שמי (Exod. 20,7) = whosoever sweareth
    not falsely. This has undoubtedly been done for the sake of the following sen-
    tence, which itself appears suspiciously like an incorrect explanatory gloss
    (BICKELL).
    (6) אלהי יעקב, for ﬩ יעקב, following 𝔊 τοῦ θεοῦ Ιακωβ; 𝔖 ܐܠܗܗ ܕܝܥܩܘܒ.

25 (2) ﬩ אלהי is either to be cancelled, or to be joined to v. 1. The verse must begin
    with ב.
    (5) [﬩ אותך, read ואותך following 𝔊 (καὶ σὲ ὑπέμεινα) and some Heb. MSS].
    (8) We should expect חוטאים, because ﬩ הַטָּאִים is equivalent to רשעים.
    (17) הָרְחֵב וּמְצוּקוֹתַי, for ﬩ הרחיבו ממ׳.
    (18) The verse ought to begin with פ.
    (22) This verse is characterized as a later addition by אלהים (instead of יהוה), and by
    the fact that the alphabet is exhausted in v. 21. An exactly similar case is found
    in 34,23.

26 (2) ﬩ Kᵉthib צְרוּפָה, Qᵉrê צָרָה (GESENIUS-KAUTZSCH § 48,5).
    (3) The words חסד ואמת, which are generally combined so as to form a standing
    formula, mean kindness and faithfulness, and not grace and truth.

27 (4) בקר should perhaps be taken as a denominative Piel, derived from בֹּקֶר,=השכים.
    (5) בְּסַפָּה, ﬩ Qᵉrê בסגו; cf. 31,21.
    (9) The words עורתי היית of ﬩ are out of place here.
    (13) The incompleteness of the verse is a beauty, and points by no means to a muti-
    lation of the text. לולא is indicated by the puncta extraordinaria as a delendum,
    but without reason (OLSHAUSEN).

28 (8) It is not clear to what למו of ﬩ refers; we must read לְעַמּוֹ, following 𝔊 (τοῦ λαοῦ
    αὐτοῦ) and 29,11.

29 (1) אלים is used by the Phœnicians with a singular sense in the same way as אלהים
    by the Hebrews.
    (6) If the text is right, the plural suffix of the verb must refer to the following
    mountains, instead of the preceding trees. Perhaps, however, it would be better
    to read וירקיד for ﬩ וירקידם, placing the verse-divider after לבנון.
    (7) As the verse reads at present, it is incomplete and unintelligible. What the
    reader would naturally expect has been supplied in our translation (JHVH's voice
    splitteth rocks, JHVH's voice sendeth forth flames of fire).
    (9) Point וְיִחְשֹׂף instead of ﬩ וַיֶּחֱשֹׂף.

30 (4) The Qᵉrê מיֹרְדִי takes the form יורדי as infinitive,=מִרְדָּתִי; but the construct state
    of the plural of the participle, מִיוֹרְדֵי, will do.
    (8) The vocalization הָרְרִי of ﬩ is impossible. The uncontracted form occurs only
    in the plural; therefore עַל הֲרָרַי. Before this, probably, הֶעֱמַדְתָּנִי עַל for ﬩ העמדתה
    להררי.

30 (13) כבודי, for 𝔐 כבוד, following 𝔊 ἡ δόξα μου.

31 (7) השמרים with this meaning occurs elsewhere only in Jon. 2,9.

(8) ידע can hardly be construed here with בְּ. We may point בַּצָּרוֹת, instead of 𝔐 בְּצָרוֹת, as one word, plur. to בַּצָּרָה, ψψ 9,10; 10,1. *Cf.* Jer. 14,1, plur. to בַּצֹּרֶת, Jer. 17,8.

(12) The words מכל צוררי belong to v. 11. They have only been incorporated in v. 12, to which they do not fit in the least, because the illness was regarded as a real illness, and was not understood as being caused by men (6,8).
The ו in 𝔐 ולשכני must be struck out.

(16) Read מְרַדְּפַי for 𝔐 מֵרֹדְפָי.

(21) 𝔐 רכסי is an unintelligible ἅπαξ λεγόμενον. OLSH. remarks that we should have here a derivative from רכל, *slander*.

(22) 𝔐 בְּעִיר מָצוֹר. מצור may mean *siege*, עיר מצור, however, never means a *besieged*, but always a *fortified city*. Thus, a most important and unsuspected element in the situation would be supplied. The psalm might then date from the time of Nehemiah, when the Jews, in spite of all kinds of open and secret enmity on the part of the Persians and of the neighboring peoples, succeeded in fortifying Jerusalem and holding their ground. Furthermore, it would be possible to see in the strange שמרים of v. 7 an allusion to the Samaritans, who were not at that time strict monotheists, as they became later. The points of proof, however, for attributing the psalm in this way to a definite historical period are far too isolated and ambiguous; the general impression which we get here (different from that given by 22) is one of keen party strife *within the ranks of the Jewish people* at a later date. Probably בְּעֵת מָצוֹר, or בְּעֵת מֵצַר, should be read.

32 (1) 𝔐 משכיל, *cf.* 47,8. Perhaps our psalm is thus named, because of 𝔐 אשכילך, v. 8.

(4) The text of the second line is suspicious.

(6) לעת מצר קל שטף, LAGARDE, for 𝔐 לעת מצא רק לשטף.

(7) 𝔐 רני פלט is corrupt. רני, according to HITZIG, is repeated from תצרני.

(8) We miss the intimation that JHVH is now speaking.
𝔐 אִיעֲצָה עליך עיני, corrupt. Our translation *I will direct mine eyes upon thee* follows 𝔊 ἐπιστηριῶ ἐπὶ σὲ τοὺς ὀφθαλμούς μου.

(9) 𝔐 עדיו. 𝔊 σιαγόνες αὐτῶν, confirmed by 103,5. The last line, 𝔐 בַּל קְרוֹב אֵלֶיךָ, is so corrupt that it is not even possible to guess at the general meaning.

34 (6) The lack of a subject for 𝔐 הִבִּיטוּ is not to be remedied by transposing the verse, which stands in its proper place according to the alphabet. Read rather with 𝔖𝔍𝔄𝔊 (προσέλθατε πρὸς αὐτὸν καὶ φωτίσθητε) וְנָהָרוּ (*in pausa* וּנְהָרוּ) הַבִּיטוּ as imperatives (hypothetical protasis and apodosis), and on the same ground, פניכם (𝔊 τὰ πρόσωπα ὑμῶν) for 𝔐 פניהם. This is the only way to explain the negative אל.

(18) The missing subject is supplied by 𝔊 (ἐκέκραξαν οἱ δίκαιοι). צדיקים, however, should not be inserted, but v. 16 should be placed after v. 17, so that v. 18 may stand in immediate connection with v. 16. In this way, it is true, the פ (v. 17) will precede the ע (v. 16), but that is the arrangement in Lam. 2-4. The present position of the verses is due to a correction, the object of which was to restore the usual alphabetical order (HUPFELD).

35 (3) סגר must be the name of some offensive weapon; perhaps really the σάγαρις.

(5) Read דֹּחָם instead of 𝔐 דֹּחֶה, following 𝔊 ἐκθλίβων αὐτούς.

(7) 𝔐 שחת belongs to the second line as the object of חפרו.

(8) Read בשחתה, following v. 7, instead of 𝔐 בשואה.

(13) 𝔐 ותפלתי על חיקי תשוב, unintelligible.

35 (15) וּבְצַלְעִי שָׂמְחוּ וְנֶאֱסָפוּ נֶאֶסְפוּ עָלַי נֵכִים וְלֹא יָדַעְתִּי קָרְעוּ וְלֹא דָמּוּ‎ : 𝔐. The first two words contain the expected antithesis to vv. 13 ff., and are undoubtedly correct, but the continuation of שמחו by 𝔐 ונאספו is irregular, and the following sentence is absolutely unintelligible. For 𝔐 נכים, OLSH. read נכרים, connecting it with ולא ידעתי, *strangers whom I know not*. But the preceding verses refer to co-religionists, whose joy at the psalmist's overthrow is so shameful because he had felt and expressed deep sympathy with them when they were in misfortune. Thus OLSHAUSEN's suggestion introduces a change of subject, and is all the more improbable because the former subject re-appears immediately, and because there is no allusion whatever in the entire psalm to strangers (heathen), although it seems that misfortune had come upon the faithful, without the assistance of those who rejoiced at it, and thus, perhaps, by means of foreign heathen. Nor is OLSHAUSEN's interpretation of 𝔐 ולא ידעתי probable, although he is right in his view that the meaning *unawares* is not suitable here. That the slanderers gather together *unexpectedly* does not make the matter worse.

(16) קרעו ולא דמו, v. 15, should be incorporated in v. 16, and connected with בחנפי. In the latter word, some derivative from חרף may be concealed, *e. g.* מָחֳרָפָי. For 𝔐 לעני מעוג, read with 𝔊 (ἐξεμυκτήρισάν με μυκτηρισμόν, ἔβρυξαν κτλ.) לָעֲגוּ לָעוֹג, and חרקו for 𝔐 חרוק.

(17) מְשׁוֹאָנִים, for 𝔐 משאיהם, OLSHAUSEN.

(19) The force of אל seems to extend to יקרצו.

(20) 𝔐 ועל רגעי ארץ. The translation *Those who are quiet in the land* (𝔗 ועל צדיקי ארעא ההוא ; 𝔖 ܘܥܠ ܡܟܝܟܐ ; ﺍﺭﻋﺎ ﺩﻧﻴﻴﺤﻴﻦ ﺑﻌﻠﻤﺎ ﺍﻟﻬﻮ) would be quite suitable as an antithesis to the characteristics of the enemies, but the interpretation is exceedingly disputable.

36 (2) לבו, instead of 𝔐 לִבִּי, following 𝔊𝔖𝔍 (ἐν ἑαυτῷ, ܒܠܒܗ, *in medio cordis ejus*).

(3) 𝔐 כִּי הֶחֱלִיק אֵלָיו בְּעֵינָיו לִמְצֹא עֲוֺנוֹ לִשְׂנֹא: absolutely corrupt; perhaps to be emended as in our text.

(6) עד השמים, for 𝔐 בהשמים.

(7) כתהום, for 𝔐 תהום.

(9) עדנים is very doubtful; perhaps connected with עטין, Job 21, 24.

37 (7) Although most of the acrostic letters in this alphabetical psalm serve for two verses, ר is used only for one verse. This is also the case with כ, v. 20, and פ, v. 34. The apparent irregularity, however, is probably not the fault of the poet.

(16) ר׳, for 𝔐 רבים.

(18) We should expect דרך for 𝔐 ימי.

(20) כִּיקַר כָּרִים, for 𝔐 כִּיקָר כָּרִים.

(22) HITZIG places this verse after v. 19, and puts v. 26 in its place; this improves the connection.

(28) The close of the ס-verse is combined here with the beginning of the ע-verse. Instead of 𝔐 לעולם נשמרו we must read עֹלָלִים נִשְׁמְדוּ, following 𝔊ᴬ (also *Psalt. Græco-Lat. Veron.* and *Psalt. Turic.* &c.) ἄνομοι δὲ ἐκδιωχθήσονται, (𝔊ᵛ ἄμωμοι ἐκδικηθήσονται).

(33) 𝔐 בידו does not go well with the parallel בהשפטו; perhaps we should read בְּאֵידוֹ.

(35) 𝔐 עריץ is not appropriate, for it is not the moral conduct but rather the physical condition of the ungodly which is to be described. 𝔐 וּמִתְעָרֶה, in the following line, is entirely unintelligible. For 𝔐 רענן באזרח, 𝔊 has ὡς τὰς κέδρους τοῦ Λιβάνου; ארז, for 𝔐 אזרח, is certainly correct. *Cf. Theses quas in academia Georgia Augusta 9. Julii 1870 defendet* JULIUS WELLHAUSEN, (5): *Lectio* ἐγχωρίου 3 Esdr. 6, 24 *ab erronea proficiscitur lectione* אזרח *pro* ארזם; *vid.* Ps. 37, 35 Sept.

37 (36) וְיַעֲבֹר, for M וַיַּעֲבֹר, following 𝔊𝔖𝔍 (καὶ παρῆλθον, ܘܥܒܪ, ݒ ܚܒܪ, et transivit).
(37) For M שָׁמָר־תָּם וּרְאֵה יָשָׁר, read שְׁמֹר תֹּם וּרְאֵה יֹשֶׁר (cf. 25,21); רעה=רעה.
(39) The ו in M וּתְשׁוּעַת must be cancelled.

38 (1) For לְהַזְכִּיר, cf. 70,1. 𝔊 εἰς ἀνάμνησιν; 𝔗 a handfuld of incense as a good 'memorial' 5
for Israel (לְמַזְכִּיר עַל צְרִיר סַבָּא עַל יִשְׂרָאֵל), צְרִיר לְבוּנְתָא דְּכַרְנָא סַבָּא עַל יִשְׂרָאֵל; in ψ 70: לְבוּנְתָא הַזְכִּיר
being taken as a denominative Hif'il derived from אַזְכָּרָה.
(6) The second line is very short, but appears to be complete.
(7) Read נַעֲוֵיתִי for M נַעֲוֵיתִי.
(8) נִקְלָה must denote something diseased, but is probably corrupt. 10
(9) לָבִיא, for M לִבִּי, HITZIG.
(15) This verse is an extremely feeble repetition of v. 14.
(20) הֵם, for M חַיִּים, HOUBIGANT, Biblia Hebraica cum Notis Criticis, Paris 1753-54, ad locum.
(27) M Kᵉthîb רְדוּפִי instead of the usual form of the infinitive; cf. ad 26,2. 15

39 (1) Jeduthun was the name of a post-exilic guild of temple musicians (Neh. 11,17;
1 Chron. 16,42; 25,3; 2 Chron. 35,15). M לִידוּתוּן would thus be analogous
to לְאָסָף and קֹרַח לִבְנֵי, and we should have to regard the combination
לִידוּתוּן לְדָוִד in the same way as the combinations in ψψ 88.89. In ψψ 62.77, 20
however, we do not find the preposition לְ, but עַל before יְדוּתוּן, and, in conse-
quence, EWALD, and others, consider that Jeduthun was also the name of an
instrument. That, however, is hardly credible. The most we can say is that
the writer of the עַל in 62.77 was under the impression that יְדוּתוּן was an instrument.
(2) אַשְׁמִימָה, for M אֶשְׁמְרָה, OLSHAUSEN. 25
(3) מַטּוֹב is an abbreviation of the formula מַטּוֹב עַד רַע (HITZIG); cf. ad 15,4.
(6) M אַךְ כָּל הֶבֶל כָּל אָדָם נִצָּב. The close of the verse is either simply to be restored
after the model of v. 12, or M נִצָּב represents a sort of copula between the sub-
ject and predicate (=comparabilis, נִמְשַׁל, 49,13.21). In the latter case, אַךְ לַהֶבֶל
should be read, instead of M אַךְ כָּל הָבֶל. 30
(10) The tenor of vv. 11 ff. shows no difference in time and tone from that of vv. 5-9;
v. 11 is a simple continuation of v. 9, and stands in the closest connection with
it. V. 10, on the other hand, breaks the connection badly. Its origin cannot be
ascertained.
(11) M תִּגְרַת; תִּגְרָא means in Targumic strife, but this meaning does not suit well 35
here; 𝔊 ἀπὸ τῆς ἰσχύος [hence SCHWALLY (ZAT xi, 258) suggests מִגְבוּרַת].
(12) חֲמוּדוֹ=חֶסְדּוֹ, cf. Is. 40,6.

40 (4) רָאוּ, instead of M יִרְאוּ. The imperfects that follow should be read with ו consec.,
for the narrative is of past time. 40
(5) M רְהָבִים וְשָׂטֵי כָזָב is doubtful. It is not necessary to understand idols, it may be
heathen powers; cf. רְצֵי כָזָב, 68,31 and סָטִים, 101,3.
(6) M אֱלֹהַי נִפְלְאֹתֶיךָ וּמַחְשְׁבֹתֶיךָ makes the verse too long, and is probably a gloss.
(7) M אָזְנַיִם כָּרִיתָ לִּי does not belong to this verse.
(8) In M the first half of the verse reads: אָז אָמַרְתִּי הִנֵּה־בָאתִי, which is meaningless. 45
בִּמְגִלַּת וגו' could very appropriately be joined to אָזְנַיִם כָּרִיתָ לִּי of v. 7, and these
words show a certain similarity in writing with M אָז אָמַרְתִּי.

41 (2) מַשְׂכִּיל אֶל־דָּל is odd, and the possible meaning does not suit the context at all.
(10) M הַגְדִּיל never means lift up, but always intransitively act proudly. 50
M עָקֵב, adverbially, as in 119,33.112; cf.  فِى العواقب, Hudh. 2,13.

Book 2.

42 (1) אַיֶּלֶת, for 𝔐 איל; על=אל; *cf.* 23,2.
(3) וְאֵרָאֶה, for 𝔐 וְאֵרָאֶה, OLSHAUSEN; [*cf.* BUDDE *ad* 1 Sam. 1,22].
(5) 𝔐 בַּסָּךְ אֶדַּדֵּם is corrupt. It is translated *leading them in a multitude*, but סך is not *multitude*, and דאדא (or whatever the stem may be, from which the desperate form *eddaddem* is derived) does not mean *lead*.
(6) 𝔐 עלי is a *dativus ethicus incommodi*. At the end, the first word of v. 7 should be taken over, following 𝔊𝔖, as in v. 12; *cf.* 43,5.
(7) הַר, for 𝔐 מֵהַר. The expression 𝔐 הַר מִצְעָר *little mountain*, for הר צעיר, is very strange.
(9) This verse completely breaks the connection, and seems to have got here by pure chance. If it be omitted, the second stanza then has its normal compass of six verses (OLSHAUSEN).
(10) כְּרָקָב is OLSHAUSEN's reading for the meaningless בְּרֶצַח of 𝔐, which cannot be defended by 62,3; *cf.* Prov. 12,4.

44 (3) תָּרֹעַ, for 𝔐 תָּרַע.
(5) מְצַוֶּה, for 𝔐 צַוֵּה, following 74,12 and 𝔊 ὁ ἐντελλόμενος.
(20) 𝔐 בִּמְקוֹם תַּנִּים. As the mention of the place of defeat would not be expected here, במקום may be taken as equivalent to *instar*, and תנים, which is possibly corrupt, may represent the name of some creature which is easily crushed.

45 (1) 𝔐 עַל־שֹׁשַׁנִּים, probably the catch-word of an older song, to the tune of which our psalm was to be sung.
(3) יפית, for 𝔐 יָפְיָפִיתָ; [*cf.*, however, CORNILL *ad* Jer. 46,20, p. 67; CORNILL would, of course, point יְפֵיפִיתָ; *cf.* EWALD[8], 131[g]].
(5) והדרך should be canceled. 𝔐 וְעַנְוָה־צֶדֶק is a mixture of *status constructus* and *absolutus*. The combination עַנְוַת צדק is hardly possible, and we have no right to coordinate (piety *and* righteousness); it would produce, besides, an inappropriate redundancy. It seems as though under ענוה lay some expression analogous to the preceding דבר.
(6) עמים תחתיך יפלו must be brought into prominence, and should be placed, probably, at the end of the verse.
(7) יִהְיֶה, instead of 𝔐 אלהים=יהוה, BRUSTON, *Du texte primitif des Psaumes* (Paris, 1873).
(9) מִנִּים, instead of 𝔐 מִנִּי.
(13) 𝔐 בת צר does not mean a *Tyrian maiden*, but the *City of Tyre*. Some preceding sentence is lacking: *Damascus bringeth thee gifts, and the City of Tyre* &c. (OLSHAUSEN).
(14) 𝔐 פְּנִימָה מִמִּשְׁבְּצוֹת; read, with KROCHMAL, GRÄTZ, CHEYNE, פְּנִינִים מִשְׁבְּצוֹת.
(15) מְבִיאוֹת לָהּ, for 𝔐 מוּבָאוֹת לָךְ.
(16) 𝔐 תוּבַלְנָה and 𝔐 תְּבֹאֶנָה, plural for singular (EWALD[8], 191[c]), referring to the queen.

46 (3) בְּהָמִיר, here necessarily intransitive.
(4) This verse is a conditional sentence. The apodosis is the refrain in vv. 8.12, which has dropped out here. If it be replaced, the first stanza then has four verses, like the two following stanzas.
(5) עליון קדש משכנו, for 𝔐 קְדֹשׁ מִשְׁכְּנֵי עֶלְיוֹן.
(9) 𝔐 שַׁמּוֹת, 𝔊 (ἃ ἔθετο) τέρατα (ἐπὶ τῆς γῆς). The context requires some such word as τέρατα. Perhaps שמה may mean *something astonishing*.

47 (4) יַדְבֵּר, for 𝔐 ידבר.

47 (10) מגני is unintelligible and, perhaps, corrupt. Our translation (*the world belongeth to God, our shield*) is a makeshift.

48 (3) נוף is suspicious. It has no appropriate meaning which can be established. 𝔐 ירכתי צפון overloads the verse, and is consequently canceled by OLSHAUSEN.
    (8) Some verb is wanting at the beginning with the meaning *they were snatched away* (OLSHAUSEN).
    (14) פסגו is as yet unexplained.
    (15) 𝔐 על מות is a corruption of על עלמות, and belongs to the heading of the following psalm; *cf*. 46.

49 (8) אך, for 𝔐 אח; and יפדה, for 𝔐 יפדה; for the point is whether the rich man can ransom *himself*; not at all whether he can ransom his brother.
    (9) נפשו, for 𝔐 נפשם.
    (10) This verse is not in place here, but belongs to v. 8, and there only as a gloss.
    (11) Instead of the unintelligible יראה of 𝔐, we should expect a word with which חכמים could be coordinated.
    (12) קברים, for 𝔐 קרבם, following 𝔊 οἱ τάφοι αὐτῶν, 𝔖 ܩܒܖܝܗܘܢ, 𝔗 בבית קבורתהון ישרון לעלם; [*cf.* GEIGER, *Urschrift*, 176].
    (14) אחריתם, for 𝔐 אחריהם. וירדו בם ישרים, is an interpolation which is extremely inappropriate in this passage. It shows, however, most characteristically the longing of the Jews for Messianic rule.
In the third line read מוּבָל לָמוֹ, for 𝔐 מוּבָל לוֹ.
    (20) אבותיך, for 𝔐 אבותיו.
    (21) בִּיקָר וְלֹא יָבִין בִּיקְרוֹ לֹא יָלִין, for 𝔐.

50 (1) ותירא, instead of 𝔐 ויקרא, מבאה, instead of 𝔐 מבוא.
    (3) יבא אלהינו ואל יחרש is the sigh of some ancient reader. It does not suit the context, and ought to be struck out. Verses 2 and 3 form only one verse.
    (4) ממעל, for 𝔐 מעל, LAGARDE.
    (10) הררי אל, for 𝔐 הררי אלף.
    (11) זיו, *cf.* 80, 14; at all events, living creatures.
    (19) 𝔐 תצמיד, 𝔊 περιέπλεκεν.
    (20) 𝔐 דפי=רחי(?).
    (23) According to 50,14.15, שָׂם נְדָרָיו should undoubtedly be read for 𝔐 שָׂם דֶּרֶךְ.

52 (3) For 𝔐 חסד אל, read אל־חָסִיד=עָל־חַ.
    (11) אחוה, for 𝔐 אקוה, HITZIG.

53 (5) 𝔐 אָכְלוּ; read אכול.
    (6) The utterance here, taken as a whole, suits the context as a continuation of the narrative better than the corresponding passage, 14,5.6. In certain details, however, suspicion is awakened. Thus, against מאסם at the end of the verse, for the Jews are not alluded to, but the heathen; also against חנך, which can hardly have the meaning attributed to it, *thy besieger*, and, probably, is to be corrected to חָנֵף, according to 𝔊 ἀνθρωπαρέσκων (*cf.* Job 34,30; 36,13); finally, against פור עצמות (*cf.* 141,7), for the enemy would certainly have to be dead first. פור is hebrizaed from בדר=𝔐 בזר, 14,5.

54 (5) Instead of 𝔐 זָרִים, we find זרים in 86,14. But Is. 25,5 has זָרִים beside עריצים.

55 (3) 𝔐 אריד is unintelligible and doubtful.

55 (4) אהמיה, for 𝔐 אהימה, according to v. 18; cf. 77,4 (OLSHAUSEN).
(4) צעקת, for 𝔐 עקת, OLSHAUSEN.
(10) ראית, for 𝔐 ראיתי.
(11) 𝔐 יסובבה על חומתיה is appropriate in 59,7.15, but not here. We should expect: *day and night do murder and slaughter dwell therein.*
(13) אויב for 𝔐 אויב, because of 𝔐 משנאי.
(16) 𝔐 ישימות, doubtful. There is no advantage in dividing it into two words. בקרבם, at the end of the verse, is an explanatory gloss on במגורם.
(19) פרה, for 𝔐 פרה.
עמרי (= קמי), for 𝔐 עמרי.
(20) וינעמו ישב, for 𝔐 וישב וינעם. למו, according to the following sentence, and because it is plural, can refer only to the enemy. חליפות, in the next line, is corrupt. We should expect some such word as *faithfulness.*
(21) A commonplace gloss.
(22) חלק מחמאה, instead of 𝔐 חלקו מחמאת, OLSHAUSEN.
(23) 𝔐 יאב=יחב, 119,131.

56 (1) אײם, for 𝔐 אלם. *Dove of distant lands* is an indication of the melody.
(5) 𝔐 דברו is as unintelligible as 𝔐 דבר, v. 11.
(8) פלס, for 𝔐 פלט, EWALD.
(9) Instead of 𝔐 גרי, some word of similar meaning to דמעתי must have stood here. הלא בספרתך is a gloss to בנארך.
(11) It is hardly correct to have the same sentence twice repeated; cf. v. 5, according to which vv. 11.12 form one verse.

57 (1) *Destroy not* is an indication of the melody; cf. Is. 65,8.
(4) 𝔐 חרף שאפי cannot possibly be in place where it now stands.
(5) נפשי cannot be connected with אשבבה; the soul cannot lie down. It might be connected with 𝔐 חרף שאפי, v. 4, if the reading חנף שאף were adopted. 𝔐 להטים is impossible as an epithet to לבאם.
The last two lines of v. 5 had better be taken as a separate verse, as the two stanzas indicated by the refrain (vv. 6.12) have then an equal number of verses.
(7) כפף does not mean in Hebrew *to be bowed down*; nor is one bowed down before a net. The translation *my soul is bowed down* is only a makeshift.

58 (2) For 𝔐 אלם read אלים, HOUBIGANT.
(3) בלבול, for 𝔐 בלב עולת; חמם, for 𝔐 חמס, and תפלסון for תפלסון of 𝔐, following 𝔊 ἀδικίαν αἱ χεῖρες ὑμῶν συνπλέκουσιν, 𝔖 ܚܛܘܦ ܐܝܕܝܟܘܢ ܝܬܩܢܘܢ, 𝔗 חטוף איידיכון יתקנון, Θ ἀδικίαν αἱ χεῖρες ὑμῶν διασταθμίζουσιν.
(8) כמו, for 𝔐 למו; a metaphor lies under the following 𝔐 ידרך. חצו כמו 𝔐, for חצו כמו חציר.
(9) 𝔐 תמס יהלך, is corrupt.
חוי, for 𝔐 הזו.
(10) The text is unintelligible.
(12) LAGARDE suggested פרק for 𝔐 פרי; not necessary.

59 (5) עוני, for 𝔐 עון.
(8) 𝔐 יביעון would require an object; perhaps we should read יבחון, or יפצון. חרפות, for 𝔐 חרבות.
(10) Read עזי for 𝔐 עזו, following 𝔊 τὸ κράτος μου. Following v. 18, 𝔐 אלהי חסדי (so with the Qerê instead of the Kethîb אלהי חסדו) belongs to v. 10.
(12) *Slay them not, that my people forget not.* We might just as well say that the

59 German emperors could not kill all the Jews, lest the memory of them should die out! [*Cf.* WELLHAUSEN, *Sketch of the History of Israel and Judah*, third edition, 1891, p. 200 below]. The request is absurd, and is in striking contradiction with v. 14: *destroy them until not one be left.* Read אל תַּהֲרֹג פֶּן תִּשְׁכַּח עַמֶּךָ, where פן should be considered equivalent to אל.
הכניעמו, for 𝔐 הניעמו.

(13) ילכדו בגאונמו מאלה, for 𝔐 וילכדו בגאונם ומאלה.

(15) Cancel ו in 𝔐 וישבו.

(17) The verse should be divided, then each stanza (vv. 2-10 and 11-18) has nine verses.

(18) אשמרה, for 𝔐 אזמרה, following v. 10.

60 (6) The usual translation depends upon the doubtful suppositions that *banner* means a *Hasenpanier*, that 𝔐 להתנוסס is the same as לנוס, and that 𝔐 קשט is the same as קשת.

(10) עָלַי פלשת אתרועע (*cf.* 108, 10) is better than 𝔐 עָלַי פ׳ התרועעי.

(11) [HUGO WINCKLER, *Altorientalische Forschungen*, ii (Leipzig, 1894) p. 195, proposes to read: מי יבלני עד מצר מי נחני עד ארום *who hath brought me* (perf. Qal!!) *to Muçur* (in Northern Arabia), *who hath led me to Edom?*]. עַד, for 𝔐 עִיר, is probably correct.

61 (6) For 𝔐 ירשת, HUPFELD reads ארשת *wish*; perhaps correctly, but certainly unnecessarily. For the wish is simply that the pious may possess the land, *i. e.* that the kingdom of David, in its former independence and extent, may be restored.

62 (2) Five verses begin with אך, which always stands at the beginning of the sentence, without, however, referring in every case to the word immediately following.
דומי, following v. 6, for 𝔐 דומיה.
In the same way תקותי, following v. 6, instead of 𝔐 ישועתי, which would be repeated immediately in v. 3.

(3) The meaningless 𝔐 רבה at the end should be struck out, following v. 7. Its origin is difficult to explain.

(4) For 𝔐 תרצחו, read תְּרָצְּהוּ, or still better, תְּרוֹצְצוּהוּ=תרצצהו.
At the end of the verse read גְּדֵרָה דְחוּיָה for 𝔐 גָּדֵר הַדְּחוּיָה.

(13) V. 13 should begin with the divine utterance.

63 (2) The verse is overloaded and badly divided. Nor is וְעָיֵף, in the third line, connected with the preceding בארץ ציה.

(3) Verses 3 and 5 correspond; v. 4 stands parenthetically between; in the translation it may be introduced after v. 5.

(7) 𝔐 אם is unintelligible; both sentences are assertive.

(11) 𝔐 יגירוהו. We expect a *passive*, of הגיר or הסגיר.

64 (6) לנו, for 𝔐 למו at the end.

(7) עולתמו, for 𝔐 עולת תמנו.
The following line is borrowed from Jer. 17,9; אֱנוֹשׁ is certainly preferable to 𝔐 איש.

(9ᵃ) The first sentence is corrupt. Our translation (*they cause them to fall, they against whom their tongue spake*) is only a makeshift.

65 (2) 𝔊 σοὶ πρέπει ὕμνος. The sense requires this, but it is questionable, whether דֹּמִיָּה, which has been proposed for 𝔐 דֻּמִיָּה, does mean πρέπει.

65 (6) אֵים רחקים for 𝔐 ר' ים.
(10) The verse is overloaded. The last words of 𝔐 כי כן תכינה are very doubtful.

66 (2) 𝔐 כְּבוֹד תהלתו, but a *status constructus* is necessary as in כְּבוֹד שמו.
(11) במצורה and מועקה are hardly correct, *cf.* 69,24.
(12) לְרָוָחה, for 𝔐 לרויה, following 𝔊 εἰς ἀναψυχήν.
(17) וְרוֹמַמְתִּי מִתַּחַת לְשׁוֹנָעִי, for 𝔐 ורומם תחת לשוני.
(20) תפלתי וחסדו, a rather incredible case of *zeugma*.

68 (3) 𝔐 תנדף is impossible. We should expect something corresponding to the מפני at the end of the following line. 𝔐 הַנְּדֻף (for הִנָּדֵף) is anomalous.
(5) סלו must mean something similar to the other three imperatives, as, perhaps, *make music*. It appears to be connected with the familiar סלה.
(11) חיה; *cf.* 74,19.
(12) אמר = *promise*; usually אמרה, especially in 119.
(13) The meaning of נות בית (*cf.* 113,9) is quite uncertain.
(14) אם תשכבון בין השפתים is unintelligible here. It may have been derived from Jud. 5,16.
(15) בְּהַכְשְׁלֵם צְלָמוֹת, for 𝔐 בה תשלג בצלמון, Dys. It may at least serve as a *pis aller*.
(18) שנאן = שגאן. — In the next line we must read בָּא מִפִּינִי for 𝔐 בָּם סיני (Pott).
(19) אַך, for 𝔐 ואף, and לא שכנו, for 𝔐 לשכן, according to v. 7 (Dyserinck).
(21) מושעות, for 𝔐 למ'.
(24) תרחץ, for 𝔐 תמחץ, following 𝔊𝔖𝔈ℑ (βαφῇ), ܡܨܛܒܥ ܘ ܠܚܒܕ, *ut calcet pes tuus in sanguine*), and in the following line מָנָתוֹ, for 𝔐 מנהו.
(25) רְאוּ הֲלִיכוֹת אֱלֹהִים should be read for 𝔐 ראו הליכותיך אלהים.
(27) 𝔐 ארני is hardly possible.
(28) רדם and רגמתם of 𝔐 are unintelligible and probably corrupt.
(29) צָוָה אֱלֹהָא, for 𝔐 צוה אלהיך, following 𝔊𝔖𝔈ℑ𝔖 (ἔντειλαι, ὁ θεός, ܦܩܕ ܐܠܗܐ, *praecipe, deus, de fortitudine tua*, πρόσταξον, ὁ θεός, περὶ ἰσχύος σου).
(30) The beginning of the first line is mutilated.
(31) הִתְרַפֵּס בְּרַצֵּי כֶסֶף, instead of 𝔐 מתרפס ברצי כסף, Pott (*Animadversiones in nonnullos Psalmorum locos*, spec. ii, Götting. 1828, p. 19). [Nestle, *Journal of Biblical Literature*, x, 2 (1891), p. 151, proposes to read מְפָתָּרִים instead of 𝔐 מתרפס]. In the following line read בְּעֵר (פוּר?), imperative, for 𝔐 בְּזַר.
(32) תרים, for 𝔐 תריץ.
(34) Dys., following the analogy of v. 5, correctly makes from סלה at the end of v. 33 a סלו for the beginning of v. 34; he reads, also, בְּשָׁמֵי שְׁמֵי קֶדֶם, for 𝔐 בשמי שמי קדם.

69 (4) מִיָּחֵל, for 𝔐 מיחל, following 𝔊 ἀπὸ τοῦ ἐγγίζειν.
(5) אֹיְבַי of 𝔐 should be struck out (Lag.). We must not make מַעַצְמוֹתַי from 𝔐 מעצמית, because *bones* are not a proper figure to denote a great number.
(11) וָאֶעֱנֶה, for 𝔐 ואבכה, Olshausen.
(14) אַתְּ רְצֵנִי, for 𝔐 עת רצון.
(17) כְּטוֹב, for 𝔐 כי טוב; *cf.* 109,21.
(20) נגד, for 𝔐 נגדך, because of the division of the verse.
(21) וָאֲנוּשָׁה, 1 sing. imperf. of אנש.
(27) יַסְפּוּ, for 𝔐 יספרו, following 𝔊 καὶ ἐπὶ τὸ ἄλγος τῶν τραυμάτων μου προσέθηκαν.
(33) לבבם, for 𝔐 לבבכם.

70 (1) The meaning of להזכיר is not clear; *cf.* 38,1.

71 (3) לבית מצורה הושיעני, for 𝔐 לבוא תמיד צוית להושיעני, following 𝔊 εἰς τόπον ὀχυρὸν τοῦ σῶσαί με.

71 (6) תְּהִלָּתִי, for MT תהלתי.
   (13) יכלמו, for MT יכלו.
   (15) MT ספרות אבוא ב is unintelligible and probably corrupt.
   (18) MT לכל before יבא to be struck out.
   (19) וצדקתך belongs to v. 18.
   (20) The singular of the first person in the Qᵉrê is not necessary. *I* is here throughout = *we*, just as in 22.
   ומתחתיות, for MT ומתהומות, OLSHAUSEN.
   (21) MT גְּדֻלָּתִי, at the end of the first line, is very inappropriate, but גרלתך, following 𝔊 πλεονάσας τὴν δικαιοσύνην σου, is no improvement.
   (23) פִּי, for MT כִּי; ומר has lost its original sense, and means simply *praise*.

72 (3) צדקה, for MT בצדקה.
   (5) וייראוהו, for MT ייראוך.
   (6) The meaning *mown herbs* for גז should not be called in question. A verb is concealed in MT וזרף.
   (7) עֶדֶק, for MT צדיק.
   (9) עָרִים, for MT ציים, OLSHAUSEN. Futures seem to begin here. The verbs appear no longer at the beginning of the sentence.
   (16) שפעת, or a word of similar meaning, should be read instead of MT פסת. For MT פריו, read פרי as genitive depending upon לבנון; לבנון פרי is an hyperbolical plural of עץ פרי.
   (17) MT ינין, in the third line, is corrupt, and יאשרוה, at the end of the verse, is a gloss to ויתברכו בו.

Book 3.

73 (2) MT Kᵉthîb נטוי רגלי. The Qᵉrê is correct, also in שפכו (Kᵉthîb שפכה).
   (4) לָמוֹ תָּם, instead of MT למותם, MÖRL (*Scholia philolog. et crit. ad selecta Sacri Codicis loca*, Norimb. 1737) *ad loc.*
   (7) עוֹנֵמוֹ, instead of MT עינמו, following 𝔊 ἡ ἀδικία αὐτῶν, S ܒ̈ܘܠܗܝܢ.
   (9) מתהלך, for MT תהלך, LAGARDE.
   (10) ישיב עמו הלם מלחם, for MT ישבעו מלחם.
   (15) MT אמרתי to be struck out; הֵן, instead of MT הנה.
   (16) וָאֶחְשְׁבָה, for MT וָאֲחַשְּׁבָה, following 𝔊.S.𝔈.𝔄 and several Heb. MSS.
   (20) MT ארני to be struck out.
   (22) בהמה, for MT בהמות.
   (24) אַחֲרֵיךְ בְּיָד, for MT אחר כבוד. The traditional reading cannot be defended by Zech. 2, 12.

74 (5.6) The text is corrupt, though some sound words can be recognized, *e. g.* קרדמות, בכשיל וכילפות יהלמון, and פתוחיה.
   At the beginning of v. 6 we might, perhaps, read וְאֵת instead of MT וְעֵת.
   (14) לְעָם, for MT לעם. The verse contains heterogeneous mythology, and destroys the connection of v. 13 with v. 15. HITZIG rightly strikes it out.
   (18) MT זכר זאת is unintelligible; LAGARDE suggested בכל זאת.
   (19) לְחַיּוֹת, for MT לחית.
   (20) MT גאות seems corrupt.

75 (2) וקראי בשמך, following 𝔊 καὶ ἐπικαλεσόμεθα τὸ ὄνομά σου, for MT וקרוב שמך, DYSERINCK.

75 (7) וּמָהֲרִים, for ℳ הרים.
(9) אַף, instead of ℳ אך.

76 (5) ℳ אדיר אתה (גּוֹרָא=) נאור belongs to v. 8 as a corrective gloss.
(8) The second אתה must also have a predicate, *viz.* אדיר.
For ℳ מאז, in the following line, read, with GRÄTZ, מֵעָז.
(11) With ℳ חמת the *pious* are meant, but the pronunciation and the meaning of word are quite uncertain.
תחג לך, following 𝔊 ἑορτάσει σοι, for ℳ תחגר.
(12) מורא denotes *God*.

77 (7) ויחפזו, for ℳ ויחפש.
(9) אמת, for ℳ אמר, because of the preceding חסד. [*Cf.* NESTLE, *Theol. Stud. aus Württemberg*, 1882, p. 242].
(15) אל, for ℳ האל.
(18) וְרֻטֹּי, for ℳ וְרַטּוֹ.

78 (4) The verse is overloaded.
(15) וַיִּשְׁקֹם מֵתֹ׳, for ℳ וישק כת׳.
(63) הוללו is undoubtedly connected with הלולא, בית הלולים=*wedding*.
(69) כמו רמים, doubtful. The obvious emendation כָּרוֹמִים is not very suitable.

79 (7) אכלו, for ℳ אכל, following 𝔊 κατέφαγον, 𝔍 *comederunt*, 𝔖 ܐܟܠ, 𝔗 נמרו.
(11) הֵפַר, for ℳ הותר, following 𝔖 — ܫܪܝ, 𝔗 שרי; *cf.* 105, 20.

80 (5.8.20) ℳ אלהים before צבאות, instead of אלהי, is a late emendation for יהוה; *cf.* 84, 9. 12.
(16) וְכַנָּהּ, for ℳ וכנה. The large letter in ℳ וכנה indicates a correction which was made in the copy used as a basis for the ℳ recension (OLSHAUSEN).
The words ועל בן אמצתה לך have got here from v. 18.
(17) Point כְּפוּחָה and שְׂרָפָה, for ℳ שרפה and כסוחה.
(18) It may be doubted whether ℳ בן־אדם (*man*) or בן (*son*; v. 16) is the correct reading, probably בראדם.

81 (6) מַעַל, for ℳ על. There is a *lacuna* before the third line of the verse.
(16) משנאיהם, for ℳ משנאי יהוה; למו, for ℳ לו.
(17) וְאַאֲכִילֵךְ, for ℳ וַיַּאֲכִילֵהוּ, HOUBIGANT; and מָצוּף for ℳ מצור.

82 (8) תמשל, for ℳ תנחל.

83 (11) For the unintelligible ℳ בעין דאר GRÄTZ conjectures כְּעֵין חֲרוֹד as *at En Harod*, following Jud. 7, 1 [*cf.* HUGO WINCKLER, *Altorientalische Forschungen*, i (Leipzig, 1893) p. 103. WINCKLER suggests that v. 11ᵃ should be read before 10ᵇ].

84 (6) For ℳ מסלות, 𝔊 (ἀναβάσεις ἐν τῇ καρδίᾳ αὐτοῦ διέθετο) correctly either read or understood מעלות.
(7) The text is corrupt, and our translation (*while they pass through the Vale of Baca He maketh it full of fountains for them*) is a makeshift with the alteration of ℳ ישיתוהו to ישיתהו, which, however, is by no means sufficient. עמק הבכא is a place near Jerusalem. It is probable also that some corrupted local name is hidden in מורה.
For ℳ מעין, 𝔊 (εἰς τόπον ὃν ἔθετο) read מעון.
(8) יֵרָאֶה, for ℳ יראה.
(9.12) *Cf.* 80, 4. 8. 20.

85 (9) 𝔐 האל יהוה is a combination which can hardly have been in the original text.
(10) כבוד is a *nomen proprium* like שכינה.
(14) ושלום, for 𝔐 וישם.

87 (1) The beginning is mutilated. OLSH. proposed to complete the text, as follows: מַה־יְּדִידָה עיר האלהים.
(3) The verse is incomplete and therefore badly divided. The Hebrew of the first words is very suspicious; perhaps it should be נִכְבַּדְתְּ מְאֹר, and then a derivative from בֵּרֵךְ.
(5) The text is corrupt in several places, but the meaning is clear.
אֵם אמר, following 𝔊 Μήτηρ Σειων, ἐρεῖ ἄνθρωπος for 𝔐 יאמר; this reading gives us the clue to the meaning of the entire psalm.
(7) כֻּלָּם מְעוֹנָם, following 𝔊 πάντων ἡ κατοικία, for 𝔐 כל מעיני.
The words ושרים כחללים, in the preceding line, make no sense at all. The context requires two antithetical expressions comprising all Jews, some phrase analogous to עצור ועזוב &c.

88 (2) יום יום, for 𝔐 יום.
(6) נחשבתי, for 𝔐 חפשי.
(8) צוית, for 𝔐 ענית.
(16) 𝔐 מנער, at the end of the first line, is unintelligible.
אפונה, for 𝔐 אפונה, OLSHAUSEN.
(17) צמתוני, or צִמְּתְתוּנִי, for 𝔐 צמתתוני.
(19) Some coordinated word, together with the whole close of the psalm, has probably dropped out after 𝔐 מחשך.

89 (4) כרתָּ, לבחירך, נשבעתָּ, עבדך, for 𝔐 כרתִּי, לבחירִי, נשבעתִּי and עבדִי.
(9) [For חסין יה *cf.* the note on Jer. 2,32 in CORNILL's *Jeremiah*, p. 44, l. 25].
The last sentence does not fit this context.
(10) בִּנְשׂוֹא, or בִּשְׁאוֹן, for 𝔐 בשוא.
(19) לְ before the subject [*cf.* HAUPT, *A new Hebrew Particle* (*Johns Hopkins University Circulars,* No. 114, July 1894) and the Philadelphia *Oriental Studies* (Boston 1894), p. 264, n. 3].
(34) אסיר, for 𝔐 אפיר; OLSHAUSEN.
(38) וָעַר, for 𝔐 וְעֵד; כְּשחק, for 𝔐 כְּשׁ', after which יהיה has, perhaps, dropped out.
(51) The second line of the verse is unintelligible.

Book 4.

90 (1) OLSHAUSEN suggested מעוז for 𝔐 מעון, but *cf.* 71,3; 91,9; Deut. 33,27.
(3) דַּכָּה=דַּכָּא.
(4) אתמול כי יעבר, exactly as in Arabic, كانوا كأمْسِ الذاهب (الدابر), *e. g.* Ibn Hishâm 590,20; Wâqidî (ed. WELLHAUSEN), p. 151, n. 1.
(5) זֶרַע מְתִם שָׁנָה, for 𝔐 זרמתם שנה. In the following line strike out בבקר; it has crept in from v. 6.
(9) פנה, as in Arabic=*vanish, pass away.*
(10) וְאִם=*or*; בנבורות=*at the most*, like Aramaic למחסן. הַחִישׁ, for 𝔐 חיש.
(11) 𝔐 וכיראתך is meaningless, read וּמִי יְרָא (LUTHER). Some expression analogous to עז is probably concealed in תך.

90 (12) Read וְנָבֹא לְבַב חכמה (*that we enter through the gate of wisdom*) for 𝔐 וְנָבִא וגו'; *cf.* פתח תקוה, Hos. 2,17.

(15) The exceptional plurals ימות and שנות occur also in the Song of Moses (Deut. 32), which, as DELITZSCH has shown, has been made use of here, as well as in 91.

(17) The repetition עלינו ומעשה ידינו כוננהו is incorrect; notice that the second עלינו does not make sense.

91 (2) אֱמֹר, imperative, for 𝔐 אֹמַר. The address with *thou* continues as far as v. 13.

(9) מחסך, for 𝔐 מחסי; אתה is nominative absolute; *cf.* WELLH., *Composition des Hexateuchs* (1889), p. 359.

92 (9) The verse is mutilated; some adjective or participle is concealed in מרום.

(12) בשוררי, for 𝔐 בשורי. Strike out 𝔐 מרעים.

(16) Point עלתה (Kethîb) = עֹוְלָתָה (Qerê).

93 (3) The imperfect יִשְׂאוּ, in the third line, is very remarkable.

(4) אדיר ממשברי, for 𝔐 אדירים משׁ'.

94 (1) הופיעה, for 𝔐 הופיע.

(10) היֹצֵר, for 𝔐 היסר.

The words of 𝔐 המלמד וגו', in the following line, are very lame. We should rather expect הלא ילמד.

(15) ואחרית ל, for 𝔐 ואחריו כל.

95 (7) 𝔐 יֵדוּ is doubtful. There is a *lacuna* before היום at the beginning of the following paragraph.

For 𝔐 בקלו read בקלי.

97 (3) צָעָדָיו, for 𝔐 צריו.

(10) אֹהֵב, for 𝔐 אהבי, and שֹׂנְאֵי, for 𝔐 שנאו.

(11) זָרַח, for 𝔐 זרע, following 𝔊𝔖𝔗𝔍 (ἀνέτειλε, דנח, *orta est*).

99 (1) תמוג, for 𝔐 תנוט, OLSHAUSEN.

(3) שמו, for 𝔐 שמך.

(4) 𝔐 ועז מלך משפט אָהֵב. We should expect: אתה מלך אהב משפט.

100 (3) The Qerê ולו instead of the Kethîb ולא is correct.

101 (2) The words of 𝔐 מתי תבוא אלי are unintelligible in this passage.

102 (4) כְּעָשָׁן, for 𝔐 בְּעָשָׁן, following 𝔊𝔗𝔍 (ὡσεὶ καπνός, היך תננא, *sicut fumus*) and several Heb. MSS.

(8) אהמה, for 𝔐 אהיה, OLSHAUSEN.

(10) שִׁקּוּיַי, for 𝔐 שִׁקֻּוַי.

(24) 𝔐 בדרך is doubtful.

Read Qerê כֹּחִי for 𝔐 כחו.

103 (20) The words לשמע בקול דברו are a very lame continuation (HITZIG).

104 (4) According to DELITZSCH: *Thou makest thy messengers out of winds, thy servants out of flaming fire;* following Chagigah 14ª and Koran 38,77. The singular of אש seems to favor this interpretation, but the general sense and the plural רוחות would seem to militate against it.

104 (6) בְּסִיתָה, or כסיתה (=כָּסִיתָ), for 𝔐 כסיתו.
(8) The words of 𝔐 יעלו הרים ירדו בקעות (*flumina subsidunt, montes exire videntur*, Ovid. *Met.* 1,344) break the connection (HITZIG).
(14.15) The construction of the Hebrew is disjointed. Nor does the text seem to be right in v. 15. *Oil* should be coordinated with *wine* and *bread*.
(35) הללויה at the beginning of ψ 105, following 𝔊𝔖.

105 (6) בְּחִירוֹ, for 𝔐 בחיריו.
(15) For 𝔐 במשיחי ולנביאי, read במשיחי ולנביאי; for these terms, as employed here, can only be used in the singular. There is only one *Nabi* or *Mashiaḥ* at one time (e. g. Abraham, Isaac, Jacob), and God can only speak concerning this one.
(18) With ענו cf. 107,10 and عاني *captive*.
(27) שם, for 𝔐 שמו, as in 78,43, following 𝔊 ΘΆΣ ἔθετο, جَعَلَ, ἐποίησεν ἐν αὐτοῖς, *posuit*).
(28) The verse seems to be a subsequent addition by some reader who missed the *darkness*.

106 (3) עשי, for 𝔐 עשה.
(7) ימרו, absolutely, als also in vv. 29.32.43. Either על ים or בים is to be struck out.
(13) The ἀσύνδετα are characteristic of the language of this psalm.
(43) וימקו, for 𝔐 וימכו; cf. Lev. 26,39; Ezek. 24,23; 33,10.

Book 5.

107 (4) תָּעִי, instead of 𝔐 תָּעוּ.
(17) אֻמְלָלִים, instead of 𝔐 אֱוִלִים.

109 (4) 𝔐 ואני תפלה, in the second line, is not at all suitable here.
(5) וַיְשַׁלְּמוּ, instead of 𝔐 וישימו, OLSHAUSEN.
(7) נשפט is not said of the judge, but of the two parties to a suit.
(15) Read יְכָרֵת instead of 𝔐 יִכָּרֵת, following 𝔊 ἐξολεθρευθείη *dispereat*. The line is suitable only after v. 13.
(21) כְּטוֹב, instead of 𝔐 כי טוב.
(28) קָמַי יֵבֹשׁוּ, instead of 𝔐 קמו ויבשו, following 𝔊 οἱ ἐπανιστανόμενοί μοι.
(31) מִמִּשְׁפָּטָיו, instead of 𝔐 משפטי.

110 (3) בהררי (cf. 87,1), instead of 𝔐 בהדרי, following Σ, ἐν ὄρεσιν ἁγίοις, and 𝔍 (Psalt. juxta Hebr.) *in montibus sanctis*, as well as several Heb. MSS. שחר, instead of 𝔐 משחר (מ perhaps dittography). The proposed emendations of the second line of v. 3, which certainly stands greatly in need of correction, are all failures, the latest מֵרֶחֶם מִשְׁחָר [*Johns Hopkins Univ. Circulars*, No. 114, p. 110ᵇ] not excepted.
(6) For 𝔐 מָלֵא read מִלֵּא. — ארץ רבה does not suit 𝔐 מחץ ראש על at all, but goes very well with מִלֵּא גְוִיּוֹת, which words in any case require an object. In על are concealed the mutilated remains of the indispensable genitive to ראש: *Leviathan*, perhaps, or some other symbol of the heathen empire.

113 (9) Perhaps מֹשִׁיבִי, instead of 𝔐 מושיבי, in the sense of הפכי, 114,8.

116 (13.14) VV. 13ᵇ.14=17ᵇ.18. Accordingly the general sense of 𝔐 אשא כוס ישועות must be:

116 *I will praise and give thanks.* Perhaps we should simply read קוֹל, instead of כּוֹם, following 118, 15.
Verses 15 and 16 are incomplete. We should expect: *Precious in the sight of JHVH [is the life of His holy ones; He giveth not] His faithful ones unto death. [I said:] Ah, JHVH, [do thou aid me,] for I am thy servant. I am thy servant, the son of thine handmaid. [Then thou didst hearken unto me, and] loose my bonds* (OLSHAUSEN).

117 (1) The plural of אָמָה is nowhere else אָמִים, but always אֲמָהוֹת; *cf.* Gen. 25, 16; Num. 25, 15. According to the usage of the Psalms, we should expect לָאֻמִּים.

118 (5) Read מֶרְחַב יָהּ, as two separate words, instead of 𝔐 מֶרְחַבְיָה. [*Cf.* note on 89, 9].
(10-12) אֲמִילַם must have the sense of a preterit, as indeed the ancient Greek versions render it. This follows especially from v. 12, but also from the whole tone of this psalm of thanksgiving. Thus there drops away the character of blood-thirsty threatening, *I will slaughter them*, found here by some recent commentators. Besides, the actual meaning of אֲמִילַם is extremely obscure: 𝔊Α, ἠμυνάμην αὐτούς; Σ, διέθρυψα αὐτούς.
(27ᵇ) It does not at all follow from Ex. 23, 18; Mal. 2, 3; 2 Chr. 30, 22, that חַג may mean a *festival sacrifice* (חֲגִיגָה). The text of v. 27ᵇ is corrupt. The Ancient Versions read it just as we do, and understood it equally imperfectly. Perhaps the words have got here by mere accident.

119 (9) It is not so easy to supply an object for לִשְׁמֹר here as in v. 4; possibly something has dropped out.
(14) Read מַעַל for 𝔐 בְּעַל.
(30) לְנֶגְדִּי seems to have fallen out at the end.
(32) אָרְצָה, for 𝔐 אָרוּץ.
(48) 𝔐 אֲשֶׁר אָהַבְתִּי has crept in here incorrectly from v. 47.
(58) חַיַּי, for 𝔐 חָנֵּנִי.
(66) טוּב, at the beginning, should be struck out; it has crept in from v. 65.
(91) 𝔐 הַיּוֹם makes poor sense. We should expect a subject for עָמְדוּ, to which, further, הַכֹּל could refer; perhaps הַחַיִּים.
(103) אִמְרָתֶךָ, for 𝔐 אִמְרָתְךָ, following 𝔊 τὰ λόγιά σου, 𝔗 מֵימְרָיךְ, 𝔍 *eloquia tua* (so Vulgate, but *Psalt. juxta Hebr.* sing. *eloquium tuum*).
(128) פִּקּוּדֶיךָ, for 𝔐 פִּקּוּדֵי כֹל, following 𝔊 τὰς ἐντολάς σου.
(137) וִישָׁרִים, for 𝔐 וְיָשָׁר.
(138) צִוִּיתָ belongs to v. 137.
(150) רֹדְפַי, for 𝔐 רֹדְפֵי, following 𝔊𝔖𝔍Σ (οἱ καταδιώκοντές με, ܪܕܘܦܝ, *persecutores mei*, οἱ διώκοντές με).
(160) דְּבָרֶיךָ, for 𝔐 דְּבָרְךָ; and מִשְׁפָּטֵי, for 𝔐 מִשְׁפַּט.

120 (1) "Opinion regarding the expression שִׁיר הַמַּעֲלוֹת (120-134) is very much divided. The rendering of 𝔊 ᾠδὴ τῶν ἀναβαθμῶν (𝔍 *canticum graduum*) gives no light; perhaps it is a reference to the steps leading up to the Temple, on which, according to the idea of the later Jews, these songs were sung. This view, however, must be rejected as untenable for external as well as internal reasons. The explanation of GESENIUS, according to which the name is supposed to allude to a peculiar rhythm, prevalent in these songs, which progresses step by step, is equally improbable. So much is certain that this supposed peculiarity is by no means common to all the songs, and, moreover, that it re-appears quite frequently in poems not in this collection. Other commentators, following a well-known use of the verb עָלָה, translate the title by

120 *Songs of the Return, e. g.* from the Exile to the Holy Land, an interpretation, however, which is not sufficiently justified by the tenor of the poems. Others again consider them *Songs of the Pilgrimages, i. e.* psalms which were closely connected with the legally prescribed regular pilgrimages to the Sanctuary, and such a connection seems unmistakable, or, at least, highly probable in several of these psalms. The majority of them, however, have, as it seems, nothing at all to do with the pilgrimages, and the meaning of the expression cannot yet be regarded as determined" (OLSHAUSEN). [*Cf.* D. G. STEVENS and GEO. F. MOORE in the *Johns Hopkins University Circulars*, No. 114, July 1894].

123 (4) For 𝔐 השאננים read לשאננים, following 𝔊 τὸ ὄνειδος τοῖς εὐθηνοῦσιν; and the K^e^thîb לִגְאֵיוֹנִים instead of the Q^e^rê לִגְאֵי יוֹנִים.

125 (3) יַנִּיחַ, following 𝔊 ὅτι οὐκ ἀφήσει, for 𝔐 ינוח. JHVH is the subject.

126 (1) שבית, for 𝔐 שיבת.

(4) כאפיקים בנגב does not connect with what precedes. We must suppose that there is a *lacuna*. The אפיקים are not אפיקי מים, but *dry* channels.

(6) 𝔐 נשׂא before 𝔐 מֶשֶׁךְ is to be struck out, and משׁך read and explained according to Amos 9,13.

127 (2) *Even so giveth He to His beloved in sleep* is the traditional, but quite inadmissible translation of the third line. The Hebrew words are unintelligible.

129 (6) חלף, for 𝔐 שלף (ORTENBERG, *Zur Textkritik der Psalmen*, p. 30). Literally: *which withereth before the second sprouting.*

130 (5) ליהוה, for 𝔐 יהוה.

(6) [For the repetition of שמרים לבקר *cf.* I. M. *Casanowicz*, *Paronomasia in the Old Testament*, Boston, 1894].

135 (17) 𝔐 אף *also* has arisen here from אף *nose* (115,6). This shows the author's method. His Hebrew is characterized by the expression אין יש.

136 (9) לממשֶׁלֶת for 𝔐 לממשלות, as in v. 8.

137 (8) השּׁוֹדְדָה, for 𝔐 השדודה; an active meaning is necessary.

139 (11) יְשׁוּכֵּנִי (=יְסָכֵּנִי), for 𝔐 ישופני, EWALD.

(14) Verses 13 and 15 go together. V. 14 breaks the connection, and HITZIG, very properly, places it before v. 13.

נפליתָ, as read by 𝔊𝔖𝔍𝔗, for נפליתי of 𝔐.

(16) The first sentence of v. 16 belongs to v. 15. כֻּלָּם cannot be referred to the following ימים of 𝔐, as *days* are not entered in the divine roll, but, at least in the first instance, *men*. Some preceding sentence, therefore, which contained this necessary substantive must have been lost; perhaps: *thus are all men known to thee.* Instead of 𝔐 ימים read טֶרֶם, for *days* are not in any sense *fashioned.* At the end of the verse also, something may have been lost, *e. g.* a verb with the sense *escapeth thee.* ולא אחד, however, could also mean *ne unus quidem*; then we must read the singular יֻצַּר.

(20) For 𝔐 עריך, at the end of the second line, read שמך (OLSHAUSEN).

(21) For 𝔐 ובתקוממיך אתקוטט read ובמתקוממיך אתקוטם.

140 (3) יְנָרוּ, for 𝔐 יגורו, OLSHAUSEN.
(9) תָּפֵק, from נפק=תפק=חוצא (144,13).
At the end, ירומו should be carried over to v. 10.
(10) Read Qᵉrê יכסימו for Kᵉthib יכסומו.
(11) ימיט for 𝔐 ימיטו.

141 (3) 𝔐 נצרה is probably a substantive like שמרה, since על could not otherwise be explained.
(5) כי עור, for 𝔐 כי עוד, at the end of the third line? The Arabism would not be surprising. The text here, as also that of the following verse, contains several other stumbling blocks.
(6) The words can be translated, but not adapted to the context (OLSHAUSEN).
(7) The two lines of the verse do not fit together.
(8) At the beginning of this verse, a petition seems to have fallen out.
(10) במכמריהם, for 𝔐 במכמריו.

142 (4) The beginning belongs to v. 3. The two following sentences would be more intelligible in the reverse order.
(5) ואין לי מכיר seems to be an explanatory gloss to אין דורש לנפשי. The words seem to have crept in here from the margin, superseding a שמאל which we should expect after ראה.
(8) יכתרו must have the sense of *look for*, *wait*, which 𝔊 ἐμὲ ὑπομενοῦσιν δίκαιοι and 𝔄, ἐμὲ περιμένουσι δίκαιοι, both express; *cf.* Job 36,2.

143 (9) חסיתי, following 𝔊 ὅτι πρὸς σὲ κατέφυγον, for כסיתי of 𝔐.

144 (2) For 𝔐 עמי read עמים.
(13) Read מְזָוֵינוּ, for 𝔐 מְזָוֵינוּ, following 𝔊 ταμεῖα. 𝔐 מְפִיקִים=מְפִקִּין (140,9).
(14) אלופינו מסבלים, and יוצאת in the following line, are quite uncertain in meaning.

145 (5) At the end of the first line, יְדַבְּרוּ should be read instead of 𝔐 דברי at the beginning of the second following 𝔊 καὶ τὴν μεγαλοπρέπειαν τῆς δόξης τῆς ἁγιωσύνης σου λαλήσουσιν, .
(6) The ו at the beginning is only there because the psalm is alphabetical.
(14) The verse beginning with נ seems to have been lost. 𝔊𝔖 restore it (πιστὸς Κύριος ἐν τοῖς λόγοις αὐτοῦ, καὶ ὅσιος ἐν πᾶσι τοῖς ἔργοις αὐτοῦ, נאמן יהוה בכל דבריו, וחסיד בכל מעשיו=حاصلاً ... سيڊا سڊا, *cf.* Cod. Kennic. No. 142) but, apparently, simply by conjecture.

147 (1) זמרו, for 𝔐 זמרה, VENEMA, *Commentarius in Psalmos* (Leuward 1762-67).
(20) משפטיו, for 𝔐 משפטים.

148 (6) יעברו, for 𝔐 יעבור.

PRINTED BY W· DRUGULIN
PAPER FROM FERD· FLINSCH
Leipzig

THE Book of Psalms

CRITICAL EDITION OF THE HEBREW TEXT

PRINTED IN COLORS

WITH NOTES

BY

J·WELLHAUSEN, D. D.
PROFESSOR IN THE UNIVERSITY OF GÖTTINGEN

English translation of the Notes

BY

J·D PRINCE, PH. D.
UNIVERSITY OF THE CITY OF NEW YORK

Leipzig
J·C·HINRICHS'SCHE BUCHHANDLUNG
1895

Baltimore
THE JOHNS HOPKINS PRESS

London
DAVID NUTT, 270-271 STRAND

THE SACRED BOOKS

OF

The Old Testament

A CRITICAL EDITION OF THE HEBREW TEXT

PRINTED IN COLORS, WITH NOTES

PREPARED

By eminent Biblical scholars of Europe and America

UNDER THE EDITORIAL DIRECTION OF

PAUL HAUPT

PROFESSOR IN THE JOHNS HOPKINS UNIVERSITY, BALTIMORE

※

PART 14

The Book of Psalms

BY

J. WELLHAUSEN

Leipzig

J. C. HINRICHS'SCHE BUCHHANDLUNG

1895

. Baltimore   London
THE JOHNS HOPKINS PRESS   DAVID NUTT, 270-271 STRAND

The Book of Psalms

WELLHAUSEN

HE present Edition of the *Sacred Books of the Old Testament* in Hebrew exhibits the reconstructed text on the basis of which the new translation of the Bible has been prepared by the learned contributors mentioned on the other page of the cover. It is, therefore, the exact counterpart of the English edition. Wherever the translation is based on a departure from the Received Text, the deviation appears here in the Hebrew text. Transpositions in the translation are also found here in the original.

Departures from the Received Text are indicated by diacritical signs: ·· (*i. e.* V = *Versions*) designates a reading adopted on the authority of the Ancient Versions; ·· (*i. e.* c = *conjecture*), conjectural emendations; and ·· (*i. e.* נ = נקור), changes involving merely a departure from the Masoretic points, or a different division of the consonantal text (*e. g.* ובוב ימות, Eccl. 10,1). A פסק indicates transposition of the Masoretic סוף פסוק; ·· is used in cases where the קרי has been adopted instead of the כתיב, and ·· for changes introduced on the strength of parallel passages. Doubtful words or passages are marked with notes of interrogation (··). Occasionally two diacritical marks are combined, *e. g.* ··, *i. e.* deviations from the Received Text suggested by the Versions as well as by parallel passages; or ··, *i. e.* departures from the Masoretic points supported by the Versions, &c. — [] calls attention to transposed passages, *c. g.* ψ 45,6, the traditional position of the words in the Received Text being marked by [] while the transposed words are enclosed in [ ]. In cases where two or three consecutive words are transposed the traditional sequence is indicated by ¹ ² ³ &c. respectively prefixed to the individual words (*e. g.* ψ 46,5). Hopelessly corrupt passages are indicated by ······, while asterisks * * * * point to *lacunæ* in the original.

The *titles* of the Psalms (including historical and musical notices), as well as סלה and other *liturgical formulæ* (*e. g.* 25,22) have been printed in RED, also the acrostic letters in the *alphabetical Psalms* (9.10.25.34.37.111.119.145), the *doxological subscriptions* at the close of the first four books (41,13;72,18;89,52; 106,48), and the *headings* (ספר ראשון &c.) indicating the traditional division into five books. None of these elements (the acrostic letters, of course, excepted) formed a part of the original text of the Psalms to which they are attached.

The Ancient Versions are referred to in the *Notes* under the following abbreviations: 𝔐 = Masoretic Text; 𝔊 = LXX; 𝔗 = Targum; 𝔖 = Peshita; 𝔏 = Vetus Latina; 𝔍 (*i. e.* St. Jerome) = Vulgate; ʾA = Aquila; Θ = Theodotion; Σ = Symmachos. 𝔊A means Codex Alexandrinus (A), 𝔊L = Lucianic recension (Λ), 𝔊S = Sinaiticus (א), 𝔊V = Vaticanus (B). It has not been deemed necessary to classify all the divergences exhibited by the Ancient Versions. As a rule, only those variations have been recorded on the authority of which an emendation has been adopted by the editor of the text.

The heavy-faced figures in the left margin of the *Notes* (1, 2, 3, &c.) refer to the chapters, the numbers in ( ) to the verses of the Hebrew text. The mark ∧ means *omit(s)* or *omitted by*.